YE BOOK

让 思 想 流 动 起 来

论世衡史
- 丛书 -

十八、十九世纪
苏州城的新兴工商业团体

邱澎生 著

四川人民出版社

图书在版编目（ＣＩＰ）数据

十八、十九世纪苏州城的新兴工商业团体／邱澎生
著. -- 成都：四川人民出版社, 2022.1
ISBN 978-7-220-12134-0

Ⅰ.①十… Ⅱ.①邱… Ⅲ.①工商企业—行业组织—
研究—苏州—近代 Ⅳ.①F279.275.33

中国版本图书馆CIP数据核字(2021)第232244号

SHIBA SHIJIU SHIJI SUZHOUCHENG DE XINXING GONGSHANGYE TUANTI

十八、十九世纪苏州城的新兴工商业团体

邱澎生　著

出 品 人	黄立新
策划统筹	封 龙
责任编辑	葛 天　冯 珺
封面设计	周伟伟
版式设计	戴雨虹
责任印制	周 奇

出版发行	四川人民出版社（成都槐树街2号）
网　　址	http://www.scpph.com
E-mail	scrmcbs@sina.com
新浪微博	@四川人民出版社
微信公众号	四川人民出版社
发行部业务电话	（028）86259624　86259453
防盗版举报电话	（028）86259624
照　　排	四川胜翔数码印务设计有限公司
印　　刷	成都东江印务有限公司
成品尺寸	145mm×210mm
印　　张	6.625
字　　数	146千
版　　次	2022年1月第1版
印　　次	2022年1月第1次印刷
书　　号	ISBN 978-7-220-12134-0
定　　价	72.00元

目 录

导　言

　　有关中国工商业团体的名称很多，"商会""工会"与"同业公会"是现代社会里习见的现代工商业团体名称；"行会"则只是学术界习见的传统工商业团体的名称。为什么说只是学术界习用的名称？这是因为，不仅二十世纪之后的工商团体不采用"行会"这个名称，即使传统工商业团体自身也不曾用过这个称谓。在历史文献上，工商团体的称谓，有"行""社""团行""帮""郊""堂""会""会馆""公所"等等繁多的名称，但是，就是不曾用过"行会"这个字眼。自从传统工商业团体变成学术研究的一项素材之后，"行会"才逐渐成为学术界通用的一个术语。

　　基本上，"行会"是个地道的外来语，大约是取自近代日本人对于欧洲历史上Gild（或Guild）一词[1]的汉文译名[2]。自一八六〇年代开始，传统工商业团体开始受到一些欧美学者的注意，接着，

---

[1]　Guild较Gild一字晚出，直至十七世纪之后始出现。见*International Encyclopedia of Social Sciences*，Vol.VI，"Gilds"，p.184.

[2]　吕作燮，《明清时期的会馆并非工商业行会》，《中国史研究》，1982：2（1982，6）：66。

日本与中国学者也纷纷投入调查研究的工作。有关的专门研究，至今已有百年以上的历史，累积了为数可观的学术著作。由于这是一个由欧美学者创辟的研究领域，许多著作一开始便是以欧洲历史上的Gild作为研究上的参考架构。欧洲历史上的Gild和十九世纪末年中国的工商业团体，二者之间到底有哪些异同之处？这是那些欧美学者做研究时的基本关怀。这种研究取向深刻地影响到其后日本与中国学者的相关研究。由Gild翻译而成的"行会"一词，乃越来越为学术著作所沿用。一九五〇年代以后，随着新中国的成立，马克思的历史阶段论变成中国史学的圭臬，所谓的"封建社会"（feudal society）便成为许多学者心目中人类历史上共同必经的一个阶段。欧洲的"封建社会"有Gild，中国的"封建社会"便理所当然也要有全似或类似欧洲Gild的"行会"。在马克思史学的影响下，原来使用"行会"一词概称传统工商业团体的学术倾向，便获得更彻底的加强。所以，虽然"行会"是个外来语，同时"行会"也不是传统工商业团体的实际称谓，但却成为学术著作上最通行的一个术语。

本书研究的主体，正是十八、十九世纪苏州城的传统工商业团体。但是在术语的选择上，本书则避免采用"行会"这个字眼，尽量以"工商业团体"名之。这有两个基本理由：第一，"行会"已不仅仅是个指涉传统工商业团体的全称。在学术著作长期性自觉或不自觉地以欧洲Gild为比附对象的影响之下，传统中国工商业团体的全貌已被严重地扭曲，凡是符合欧洲Gild的质素，便被刻意地强描，凡是凿枘欧洲Gild的质素，便被有心地淡写。"行会"几已成为"中国Gild"的同义语。在尚未出现坚强论证之前，本书不预备轻率地接受中国传统工商业团体就是"中国Gild"的结论，所以不用

"行会"这个术语。第二，在二十世纪中国政府明令工商业团体采用"商会"或"同业公会"等正式称谓之前，传统工商业团体几乎没有一个正式而统一的称谓。其中唯一例外的，大概是"行"这个称谓。大约自十世纪以后，"行"成为文献上最习见的传统工商业团体称谓。然而，"行"并不是十八、十九世纪中国工商业团体的主流，也不是本书所要研究的主要对象。十八世纪以后，大批工商业团体在苏州以及其他大城镇里出现，它们的称谓不像其前的"行"那般统一，例如"会馆""公所""公堂""公局"等等，都可能是它们采用的称谓。这些采用"会馆""公所"等名称的工商业团体，才是本书研究的主要对象。既然它们没有一个统一的称谓，为免挂此漏彼，本书宁愿使用"工商业团体"来称呼。相对于二十世纪的"商会"与"同业公会"来说，本书研究的主要对象当然是"传统"工商业团体。然而，相对于十八世纪以前的种种传统工商业团体，"会馆""公所"这些工商业团体却又呈现出许多不同的特质，所以"传统"也不再那么"传统"，因此毋宁说这是一种"新兴工商业团体"。十八、十九世纪出现在苏州城的这些新兴工商业团体正是本书研究的主要对象。

一

有关传统工商业团体的研究，以一九五〇年代为界分为两大时期。前期大致以欧美与日本学者为主，后期则以中国学者为主。

自一八六〇年代开始，一些在中国旅游经商或是从事公务调查的欧美人士，渐渐注意到通商口岸上的工商业团体，开始对其着手调查。从此，直到一九二〇年代左右，相关的调查研究纷纷出现。

在这些研究作品里，大概以Macgowan（1886年），Morse（1909年）以及Burgess（1928年）的三部作品最为人所熟知①。

　　早在1883年，*The China Review*便刊载了一份福州"广东会馆"的组织规章，英译者给它的标题便是：*Chinese Guilds and Their Rules*，可见当时欧美学者已以Guild来称呼当时中国的工商业团体。Macgowan在宁波、温州与上海等地继续搜集了许多相关资料，在1886年写下了大概是近代有关中国工商团体研究的第一篇学术专论。1909年，Morse更发表了*The Gilds of China*一书。全书以比较十九世纪末年中国工商团体以及中世纪英国guild团体之间同异的研究取径写成。Morse的作品尝试对中西工商业团体做制度性的比较，一方面认为二者都是一种"争取自身权益以及排阻他人竞争"的工商团体，另一方面则特别提出中国工商团体的经济特权比欧洲更严酷。严酷的理由则是由于双方政府在政策作为上的差异。Morse以为中国政府仅是收税与维持治安的组织，对于工商业法令素不重视，任令工商团体在经济事务上扩张势力；而欧洲的市政当局则不然，逐渐透过立法手段取消昔日让渡于Guild的经济特权，最后终于使得个人的创造力不再受到Guild的压制②。Morse对于中国传统官府功能的评定很有问题，这连带影响到他对中国工商团体的经济特权估计过高。很不幸地，Morse的说法却发挥了不小的影响力，韦伯（Max Weber）在形构有关中国社会结构的理论时，也受到了误导，以致

---

① D.J.Macgowan, "Chinese Guilds or Chambers of Commerce and Trade Unions", *Journal of North-China Branch of the Royal Asiatic Society*, No.21；H.B.Morse, *The Gilds of China*；J.S.Burgess, *The Guilds of Peking*，有关一八八〇年代以前的更早期研究作品，可参见Macgowan1886年该文注①。

② H.B.Morse, *The Gilds of China*, p.3; pp.24–25.

做出像是"中国工商业者若是不参加工商团体便可能有生命危险"之类的错误泛论①。Burgess则以一九二〇年代北京的工商团体为研究对象,他采用问卷调查的方式,对于当时工商团体的组织与功能做了分析,可算是一部带有行为科学色彩的作品。

大约自一八九〇年代以后,日本人也开始投入调研工作,在此后的五六十年中,发表了为数可观的作品。这些调研作品大致可以分为两大类:一类以研究二十世纪前期的工商团体为对象,一类则以研究十八世纪以前的工商团体为对象。前一类的研究学者,著名的有根岸佶、仁井田升、今堀诚二等人,他们都在中国本土从事实际的调查工作②。1907年,《中国经济全书》第二册出版,搜罗有不少当时工商业团体的组织规章,主编即是日本人设于上海的一所调查机构——"同文书院"。与"同文书院"性质类似的"上海出版协会调查部",也在1925年刊行《支那同业组合と商惯习》,这是一部很翔实的调研作品。根岸佶与这些日本驻华的调查机构很有渊源,常年接触当时工商团体实调资料的结果,他陆续发表了三本专著:《支那ギルドの研究》(1932年);《上海のギルド》(1951年);《中国のギルド》(1953年)。仁井田升的调查工作则是于1942至1944年之间在北平所进行的,今堀诚二是他当时的助手之一。他们对于北平五十余所取名"会馆"的工商团体进行了缜密的调查,包

---

① 韦伯著,简惠美译,《中国的宗教:儒教与道教》,第81页。
② 仁井田升与今堀诚二在中国从事调查工作的详情,日后二人皆有回忆性的自述。可见:仁井田升,《研究三十五年的回顾》(1964年)(载氏著,《中国の法と社会と历史》,第163页–190页)以及今堀诚二,《七十自述》(载氏著,《中国の本质をみつめる》,第4页–37页)。

括有碑文搜集、口头访谈以及建筑物摄像等工作①。在这些调查的基础上，仁井田氏发表了多篇专论，并于1951年结集为《中国の社会とギルド》一书，皆以北平的工商团体为其立论基础②。今堀诚二则在1944年远赴察哈尔与绥远，对当地的工商团体进行调查，陆续发表了一些论文。1955年，今堀氏将其有关的看法整纳入自己的专书：《中国封建社会の机构》。以上的作品，皆以二十世纪初期的工商团体为主要的研究对象。

另一类日本学者的作品，则以十八世纪以前的工商团体为研究对象。这是由日本学者开启的研究领域，他们主要凭借着传统中国的文献史料做研究，而不是利用当时的实调资料。和田清在1922年发表了《会馆公所の起原に就いて》一文，引用了许多宋元明清的笔记小说资料，追溯了十六世纪北京的"会馆"以及十二世纪杭州的"团行"，将传统工商业团体的研究赋予了历史的纵深。1925年，加藤繁更试图追溯到九世纪之前中国都市特殊的市场管理制度（"坊市制"），提出了十二世纪的"行"即是渊源于九世纪前同业商店街区（"市肆"）的开创性说法③。姑且不论这种解释能否成立，这方面作品的出现，实是奠基在一些日本学者广博的汉学基础上，不是同时代那些欧美学者所能企望的。加藤氏也同时从事工商

---

① 这批实调资料于仁井田升去世后被整理出版，题为《北京工商ギルド资料集》，由1975年到1983年，已陆续出版了六册。
② 有关其他地区的工商团体，仁井田氏也发表过一些单篇论文，后来收录在氏著《中国法制史研究（法と惯习·法と道德）》一书书末。
③ 加藤繁，《唐宋时代の商人组合"行"に就いて》，收于《白鸟博士还历纪念东洋史论丛》第293页~350页，此文发表在1925年。1935年再发表《论唐宋时代的商业组织"行"并及清代的会馆》一文，大致与1925年的论点相同（此文入收氏著，吴杰译，《中国经济史考证》，第377页~411页）。

团体的实调工作①，不过他有关宋代"行"团体的开创性研究，则更深刻地影响到此后许多日本学者②。

一九五〇年代之前，中国学者对于传统工商业团体的研究作品实在要比欧美日本学者少很多。鞠清远在《唐宋官私工业》（1934年）一书中，专章讨论了唐宋时代的手工业团体。鞠氏大体上承继了加藤繁有关宋代"行"团体起源问题的说法，同时并补充了加藤氏有关手工业团体讨论不足的地方。1935年，全汉升的《中国行会制度史》在上海出版。全汉升参考了前此欧美与日本学者许多的研究成果，并且尽力搜罗更多的传统历史文献，写就了这部中国传统工商团体的"通史"。他由西元前五世纪一直谈到二十世纪的三〇年代，将这二千多年的工商团体发展史，浓缩在这本不到二百五十页的专论里。前三分之一讨论"会馆""公所"兴起以前传统工商团体的大致情况，后三分之二则着眼于"会馆""公所"以及所谓"苦力帮"的分析。大体上说，全汉升此书已经尽力利用了当时他所能凭借的文献与实调资料，由此架构出二千多年间传统工商团体的发展梗概，诚属不易。但书中有两个基本弱点，第一是未注意到十六世纪前后传统工商团体的本质性变化，对于十六世纪前工商团体是由政府法律强迫组成的本质认识不够，因而模糊了宋代"行"

①　其实调研究的作品，有《清代に于ける北京の商人会馆に就いて》一文［原刊《史学杂志》53：2（1942，2），后收入氏著《中国经济史考证》下卷，第557页-584页］。加藤氏此文引发了仁井田升的兴趣，于是仁井田氏在1944年亲赴北平研究中国的工商业团体（见仁井田升，《中国の法と社会と历史》，第175页）。

②　如佐藤武敏的《唐代の市制と行》［刊《东洋史研究》25：3（1966）］；古林森广《北宋の免行钱について——宋代商人组合"行"の一研究——》［刊《东方学》38（1969，8）］。其他有关宋代"行"团体的研究，可以参看斯波义信对此议题的简单讨论（氏著，《宋代商业史研究》，第38页-40页）。

团体的本质；第二则是对十六世纪以后"会馆""公所"这类新兴工商业团体的权力运作估计过高，忽略了政府法律在经济事务上的运作效率，因而扭曲了"会馆""公所"的实际功能。

全氏对传统工商团体的论点，基本上都受到一八六〇年代以降外国学者研究作品的影响。好处是他有效地吸收了前人研究的成果，弱点则是未能察觉到那些作品对于传统工商团体的误解与扭曲。由一八六〇年代至一九五〇年代，此期间的研究作品似乎有着一个共同的结论，用清水盛光在1936年写成的《传统中国行会的势力》一文的话来说，中国传统工商团体的特征便是："政治势力的弱小"以及"经济势力的强大"[①]。传统工商团体一直没能向政府争取到种种法律保障的特权，团体不对其成员拥有合法的司法裁决权，更不具有专属的合法军事武力，这是所谓的"政治势力的弱小"。传统工商团体可以垄断种种经济上的特权，对外设立"进入障碍"，阻止团体成员以外的分子加入此行业；对内则执行"利益均沾"的原则，限制团体成员彼此的自由竞争，这便是所谓的"经济势力的强大"。清水盛光的这两句话，其实也就是当时绝大多数研究者一致的结论。至于像魏复古（Karl Wittfogel）那种因为强调传统中国政府的专制权力，而对于工商团体经济特权采取保留态度的学者[②]，是属于罕见的观点与结论。

----

① 清水盛光，《支那に于けるギルドの势力》［原刊于《满铁调查月报》6：9（1936,9），后收入氏著，《支那社会の研究——社会学的考察》，第1页–80页］，陈慈玉将此文译为《传统中国行会的势力》［载《食货复刊》15：1-2（1985,6）］。引语见氏著该书，第65页。

② K.Wittfogel在1931年写成《中国的经济与社会》一书，其中有部分章节检讨了传统工商团体的权力运作。原书为德文写成，日文译本名为：《解体过程にある中国の经济と社会》。本文引据，见日译本，第166页。

然而，这类"政治势力弱小"而"经济势力强大"的结论，其实是很令人怀疑的。在统一政府的形态下，全国的军事武力与法律审判，皆在国家权力的掌握之中。一个"政治势力弱小"的工商团体，如果没有国家的法律授权，究竟如何能够强行设立"进入障碍"与强制成员遵从"利益均沾"的原则？传统工商团体在政治权力上不具特殊地位，这是非常明显的史实。在这种统一政府的形态下，工商团体的"经济势力强大"究竟是如何获致的呢？法律既未授予政治特权，究竟如何去落实其经济特权？这类理论的支持者，通常都对传统中国政府的角色有一种特殊的认定。他们认定传统政府虽然未在法律上给予工商团体经济特权，但却在事实上主动放弃了主管经济事务的权力。用步济时（J.S.Burgess）的话来说，就是："传统政府的功能，只在于维持治安及征收税额。除了希望人民不反抗以外，政府对于与人民在公共事务上进行合作等相关事务，完全不感兴趣。"①传统政府的功能只在维持治安与征收税额而已吗？其在经济事务上是采取一种放任不干涉的态度吗？这其实是大有问题的。由于这些学者脑海里根植着对中国政府功能的一种刻板印象，认为政府可以放任工商团体在经济事务上的垄断与强制行为，才毫不迟疑地提出中国工商团体"政治势力弱小"和"经济势力强大"的论断。然而，如果这种刻板印象经不起验证，则根植其上的"经济势力强大"的论断便需要重新加以评估。

另外，由加藤繁所提出的宋代"行"团体的起源问题，也是此期研究成果里影响重大的一项理论。宋代"行"团体的产生，

---

① J.S.Burgess, *The Guilds of Peking*, p.213.

是源自九世纪前中国都市里"坊市制度"下同业商店街区的法律习惯，这是加藤氏的基本理论[1]。在这个理论脉络下，加藤氏虽然承认"行"团体具有向官府提供商品的徭役性质，但依然将其视为工商业者以利益结合的自愿性社团，认为"行"团体是工商业者与官府进行利权交换的产物：工商团体答应替官府提供徭役，官府则允诺该团体的经济独占特权[2]。这恐怕是对"行"团体本质的严重误解，基本上，"行"团体的本质不是"自发性"，而是"强制性"的。外国学者在二十世纪初年看到的"会馆"与"公所"之类的工商团体，其实是和宋代的"行"团体大不相同的。宋代的"行"，是官府强将工商业者编籍造册而产生的团体，根本谈不上什么利权交换，团体成员之间其实是种不得已的结合。二十世纪初的"会馆"与"公所"，才是一种"自发性"的经济利益结社，虽然也不见得有与官府进行利权交换的质素，但的确是成员主动结社的产物。加藤氏没有真正看到二者之间的本质性差异。然而，在此种理论的误导之下，宋代"行"团体与十九、二十世纪的"会馆"和"公所"，二者便被简单地视作一种直线的承继关系，模糊了彼此间重大的本质性差异。

对传统工商团体的经济特权估计过高，以及模糊了十六世纪前后传统工商团体之间的本质性变化，是此时期研究作品的共同弱点。

---

[1] 加藤繁，《论唐宋时代的商业组织"行"并及清代的会馆》（1935年），载吴杰译，《中国经济史考证》，第385页。
[2] 同上书，第395页。

二

　　一九五〇年代以后，大陆史学界开辟出另一阶段的有关传统工商团体的研究。这种新发展有两个重要原因：其一是新资料的搜整与出版，其二则是新研究路径的提出。

　　自一九五〇年代中期开始，大陆学者积极搜集了许多有关明清时代的碑刻资料。1959年出版的《江苏省明清以来碑刻资料选集》，即为此类调研成果的滥觞。一九八〇年代，又陆续有以下四部调研资料集出版：《上海碑刻资料选集辑》（1980年）、《明清以来北京工商会馆碑刻选编》（1980年）、《明清苏州工商业碑刻集》（1981年）、《嘉兴府城镇经济史料类纂》（1985年）。这些数据集里，保存有许多十六世纪以后工商团体权力运作的相关文献。特别是十八、十九世纪两百年间有关工商团体的活动情形，这些碑刻资料里都有着颇详细的搜录。比起1907年的《中国经济全书》或是1957年的《中国近代手工业史资料》所搜集的传统工商团体规章资料，显得更为详细与全面。

　　这批新碑刻资料的出现，使得传统工商团体的研究，可以矫正以往那种一味视片断工商团体文字规章即为团体活动实情的研究倾向，使以往的偏见获得更有利的修正机会。十八、十九世纪工商团体在经济活动上的多样性，因而开始透过这批新资料而逐渐显现出来。研究者可以察觉到：以往研究作品里所极力强调的"设立进入障碍"以及"限制自由竞争"，其实并不是当时工商团体活动的全部内容，有许多工商团体并不以这类垄断经济特权的活动为目的；而且，部分工商团体企盼获致经济特权的主观意志，其实也不一定能够有效地实践；而中国传统政府在经济事务上的司法仲裁权力，其实也是不容忽视的。新资料的出版，使得一九五〇年代以后的工商团体研究，有了新的发展契机。

自一九五〇年代后期以降，大陆史学界展开了一场名为"中国资本主义萌芽问题"的长期讨论。基本上，这原是大陆史学界尝试运用马列主义思想解释中国历史的产物①，讨论的主题是：中国究竟在何时开始由"封建社会"向"资本主义社会"过渡与转化。自二十世纪五十年代至八十年代，先后有三百篇以上的学术文章讨论此问题，专门论文集也已出版了五部②。

参与这场讨论的大陆学者有着不同的研究动机与学术立场。某些学者的研究动机是为反驳"中国社会长期停滞论"，主要是为了："有力地驳斥帝国主义诬蔑我国社会只有外力入侵才有进步与发展的胡说"③，所以尽力去挖掘历史文献里类似近代西方"资本主义"的质素，努力建构起一套中国历史发展早在鸦片战争（1840年）之前便已有"资本主义"因素产生的理论。他们当然不能证明出中国社会已完全发展成"资本主义社会"，但却肯定地主张十九世纪前的中国早已不是完全的"封建社会"，已然产生有若干程度的社会变革，所谓的"资本主义萌芽"一名称，便为这些学者所广

---

① "中国资本主义萌芽""中国历史分期""汉民族形成""中国封建土地所有制"以及"中国农民战争"等五大问题，在当时号称为中国史学界的"五朵红花"，是史学工作者研究的焦点（逯耀东，《史学危机的呼声》，第96页）。

② 《中国资本主义萌芽问题讨论集》（下省称《萌芽1957》）、《中国资本主义萌芽问题讨论集续编》（《萌芽1960》）、《明清资本主义萌芽研究论文集》（《萌芽1981》）、《中国资本主义萌芽问题论文集》（《萌芽1983a》）、《明清时代农业资本主义萌芽问题》（《萌芽1983b》）。

③ 《萌芽1957》，第3页。

泛习用。鸦片战争前的中国社会，其"资本主义"已经"萌芽"，但却尚未完全发展成功，这便是这些学者的基本学术立场。

　　肯定中国已有"资本主义萌芽"的作品当中，虽然也有一些主要是为政治宣传服务，但是，反驳"长期停滞论"的动机却也是很明显的。在十八世纪末年，亚当·斯密（Adam Smith）便已说过：自十三世纪以后，中国这一个国家"似在长期停滞"的历史状态之中[①]。尽管"停滞"的定义可有种种广狭的不同内涵，但是有关中国社会"长期停滞"的提法，确实激起了许多学者的民族情绪。主张十六世纪中国社会已有资本主义萌芽的著名学者傅衣凌，他在肯定当时中国社会已有"资本主义萌芽"的新的发展动向之后，同时也强调：还要继续检讨究竟是哪些因素阻碍了"萌芽"的进一步发展，因为这些阻碍的力量，正"是十五、十六世纪以后中国社会落后于欧洲的历史根源。迟滞就是落后，落后就会挨打。这也是鸦片战争以后（中国）长期挨打的原因"[②]。傅氏用"迟滞"而不用"停滞"，而且他更清楚地点出了有关"萌芽"讨论的积极因素：探讨中国自鸦片战争以后国势陵夷任人宰割的历史根源。

　　在资本主义萌芽的讨论中，有部分学者则是采取比较保留的态度。他们还是认定：在鸦片战争前，中国社会里不存在着什么"有意义的"发展与变化，谈不上什么"资本主义萌芽"的发生。于是，对于鸦片战争前中国有无"资本主义萌芽"的问题，便有肯定与保留的两派立场。肯定派与保留派的不同学术立场表现在彼此种种不同的论据上，有关传统工商团体的不同看法，便是这些不同论

[①]　亚当·斯密著，周宪文译，《国富论》，第73页。
[②]　《萌芽1981》，第41页。

据里的一项重要内涵。

　　保留派的立论很简单，他们认定：鸦片战争前夕的中国传统工商团体，仍然与欧洲封建社会的Gild团体无异，其限制自由竞争的权力运作仍然十分明显与强固；所以十九世纪前的中国社会根本还谈不上什么"资本主义萌芽"的产生。这派的学者，可举黎澍与彭泽益二位为代表①，另外，李华的作品也类似于这一派的立场②。这派学者对于传统工商团体的看法，其实与前述一九五○年代以前的研究作品差不多。"限制自由竞争"的作用，是他们极力强调的传统工商团体的特色；宋代"行"团体以及十九世纪"会馆"与"公所"之间的本质性差异，也被极力地模糊化。

　　然而，对萌芽问题持肯定看法的学者，却为传统工商团体的研究开辟出另一扇新视野。一些认为十六世纪以后有"资本主义萌芽"产生的学者，极力在传统工商团体的发展变化上立论，以支持其肯定萌芽的提法。尚钺与刘永成两位学者，是其中主要的代表③。尚钺以为："资本主义萌芽约自明中叶正德、嘉靖年间

---

① 黎澍，《关于中国资本主义萌芽问题的考察》（收入《萌芽1957》，第742页–780页）、《中国近代始于何时》（收入《萌芽1960》台北版，第405页–424页）。彭泽益，《"织工对"史料能说明中国手工业资本主义萌芽的问题吗？》（收入《萌芽1960》台北版，第488页–519页）、《鸦片战争前清代苏州丝织业生产关系的形式与性质》（收入《萌芽1981》，第345页–368页）、《十九世纪后期中国城市手工业商业行会的重建和作用》[载《历史研究》1965：1（1965）]、《中国行会史研究的几个问题》[载《历史研究》1988：6（1988,12）]。

② 李华，《明清以来北京的工商业行会》（收入《萌芽1981》，第220页–247页）、《论中国封建社会的行会制度》（收入《萌芽1983a》，第88页–116页）。

③ 尚钺，《有关资本主义萌芽问题的二三事》（收入《萌芽1960》台北版，第425页–474页）。刘永成，《解释几个有关行会的碑文》（收入《萌芽1960》，第560页–574页）、《试论清代苏州手工业行会》[载《历史研究》1959：11（1959）]、（与赫治清合著）《论我国行会制度的形成和发展》（收入《萌芽1983a》，第117页–140页）。

（1506—1566年），即十六世纪前期开始。自此以后，商品经济的"新社会势力"，即渐渐影响到社会的各个层面。但是，因为它还未发展成决定的社会势力，所以它仍未能改变中国社会的根本性质"①。随着"新社会势力"的发展，同时影响了传统工商团体的性质。"会馆"作为一种新兴工商业团体的组织，主要也是出现在十六世纪以后的历史现象，因此它便被赋予了新的意义。学者开始正视"会馆"与十二世纪"行"团体之间的重大区别：后者是政府对城市工商业者实施统治与征敛的工具，前者才是"基本上与欧洲行会相类似，只是缺少欧洲式的政治上的行会特权而已"②。此种新看法，用胡如雷的话来说就是："我国行会的产生，有两个重要时期，第一次是唐宋时期，第二次是明清之际"，"唐宋时期形成的行会，与西方封建行会相比，在性质和职能上，完全不同"③。尽管此派对十九世纪"会馆""公所"的看法仍有待商榷，至少他们已彻底摆脱掉以往那种将传统工商团体一律比附为欧洲Gild的粗疏，这不能不说是"萌芽"问题讨论对于此研究领域的新贡献。

三

综合以上对传统工商团体研究史的简短回顾与评介，可以看到一九五○年代前后两期的研究作品实在已经产生了不同的变貌。新资料的出版以及新研究路径的提出，使得一九五○年代以后的作品，更能说明传统工商团体的复杂性与多样性。特别是近年来洪焕

---

① 尚钺主编，《明清社会经济形态的研究》，《序言》，第3页。
② 刘永成、赫治清，《萌芽1983a》，前引文，第136页。
③ 胡如雷，《中国封建社会形态研究》，第267页。

椿与吕作燮两位学者的研究作品[1]，更使此领域的研究益发显得翔实周全，祛除往日那种单纯比附的流弊。

　　一九五〇年代至今，大陆史学家对传统工商团体的研究，虽然有利于此领域研究的进一步发展，但也产生了一些不同的争论。如刘永成在1959年发表《试论清代苏州手工业行会》一文，提出了乾隆时代"会馆"向"公所"转化的理论，认为这反映着当时工商团体的"分解过程"。而傅筑夫在1980年左右发表的《中国工商业者的"行"及其特点》一文[2]，则更有"会馆""公所"等团体不过是为了举办慈善事业而成立的特殊提法。这都是较具争议性的提法，需要做进一步的研究工作来验证。

　　"会馆""公所"这类兴盛在十八、十九世纪中国各大城镇的工商团体，是本书研究的主要对象。之所以选择苏州城的此类工商团体为对象，除了因为时间与能力的限制以外，还有以下两个理由。这两个理由，也正如石锦所曾指陈的：第一，苏州是明清时代人文和经济先进的长江下游地区的主要城市之一，苏州的工商团体代表着明清时代同类团体最先进的形态。第二，苏州地区保留有相当丰富的工商业碑刻资料，1959年出版的《江苏省明清以来碑刻资料选集》以及1981年的《明清苏州工商业碑刻集》，皆可供研究者参考与取撷[3]。

---

①　洪焕椿，《明清苏州地区资本主义萌芽初步考察》（收入《萌芽1981》，第399页-449页）、《论明清苏州地区会馆的性质及其作用》，［载《中国史研究》1980：2（1980）］。吕作燮，《试论明清时期会馆的性质和作用》（收入《萌芽1983a》，第172页-211页）。

②　傅筑夫，《中国经济史论丛》，第387页-492页。

③　石锦，《试论明清时代的官商和绅商》，收入《国史释论：陶希圣先生九秩荣庆祝寿论文集》上册，第215页。

"苏州"，宋代称为"平江府"，元代称作"平江路"，明清两代皆以之为府名。明代的"苏州府"，辖有吴、长洲、吴江、昆山、嘉定、常熟、崇明等七县以及太仓一州。清代略做更动，领有吴、长洲、元和、吴江、震泽、昆山、新阳、常熟、昭文等九县。又因为府治位于吴、长洲、元和这个三县共一城墙的城市之中，清代的"苏州"同时也有广狭两义。广义指苏州府九县，狭义则指同属吴、长洲、元和三县的苏州城。本书以狭义的苏州城为研究地区。

透过直接研析相关的一手史料，对于十八、十九世纪苏州城会馆、公所这类新兴工商团体，做更细密的检视与研究，本书希望能将传统工商团体的复杂性与多样性尽力表达出来，还其一个更全面而且更细密的面貌。唯有在认识传统社会结构里各类工商团体的翔实面貌与作用之后，才能够对于传统中国市场结构与经济发展之间的关系，做出更可信的评断；另外，对传统中国社会结构里国家权力与社会权力之间的复杂竞合关系，也可得到一些更深入的认识。

第一章
新兴工商团体的历史现象

　　所谓的"工商业团体"，是指一种以工商业者为成员而形成的团体组织。大致说来，"组织"具有下列三个共同特征：第一，它有一定的目标与功能；第二，它有一套稳定的结构作业程序；第三，它是一个有既定范围的活动实体[①]。出现在中国历史文献上的工商团体，无论在形式与本质上有哪些各自不同的特征，但就上述"组织"的三个共同特征而言，则都可算是一种由工商业者所组成的团体组织。

　　由于历史文献的缺乏，在中国历史上，有关工商团体组织的面貌，一直呈现出模糊不清的影像。大概自隋唐以后，文献上有关工商业团体活动的记载才比较多些；此时，它们多是以某某"行"或是某某"社"的名称出现。自十六世纪以后，它们的名称开始增多：或称"帮"、或称"会"、或称"局"、或称"堂"、或称"会馆"、或称"公所"；上列几种名称，不过是较习见的，至于

----

① 　张笠云，《组织社会学》，第37页。

其他较特殊的名称，可能还有许多，如台湾在十八世纪以后出现的"郊"[1]，即是一例。本书所研究的对象，便是十六世纪以后开始出现在苏州城，而在十八、十九世纪发展到鼎盛的一种工商业团体。它们最常使用的名称，多叫作某某"会馆"或是某某"公所"。而究其实际，"会馆"与"公所"这两个名词，在当时社会大众的习用语汇里，也不是专用以称呼工商业团体的名称，它们只是工商业者借用来称呼自己团体所在地的建筑物的名称而已。

虽然如此，苏州城这些叫作"会馆"或"公所"的建筑物，事实上却也已经成为工商业者间发生互动关系的一种社团组织。工商业者在这栋建筑物里，或是进行祀神的宗教活动，或是发挥救济成员的互助行为，或是产生制订营业规则的经济行动，或是协助政府执行某些法令规章，因此使它们"具有一定的目标与功能"（此符合上述"组织"的第一项定义）；在"会馆"与"公所"里，常设有"董事"或"值年"等管理人员，并制订有一套筹募经费的办法，用以维持其功能的运作，所以它们也"有一套稳定的结构作业程序"（符合上述第二项定义）；工商业者以这些"会馆"与"公所"为活动基地，其活动常以"我群"为对象，至于"我群"以外的人，则不在其结构作业程序的涵摄之下，是以它们是个"有既定范围的活动实体"（符合上述第三项定义）。所以，这些由工商业者所购建的名叫"会馆"或"公所"的建筑物，在事实上，也是一种工商业团体组织。同时，从它们在宗教祀神、互助救济、制订营

---

[1] 有关清代画湾此种工商团体"郊"（或称"行郊"）的研究，方豪曾有多篇学术文章做讨论，后皆收入氏著《六十至六十四自选待定稿》。另外，卓克华的硕士论文《清代台湾行郊之研究》亦可参考。

业规则或是协助政府执行政令等功能上看，还呈现着三项本质性的特征：第一，它们是由工商业者依个人自由意志而组成，具有"自发性"的本质；第二，它们大都拥有专属的建筑物，甚至多也有组织运作的成文规则，具有"常设性"的本质；第三，它们大都向地方政府呈请立案而后成立，具有某种程度"合法性"的本质。这三项本质性特征，使十六世纪以后在苏州城兴起的"会馆"与"公所"，大异于此前中国历史文献上出现的其他工商团体，所以这些工商业团体也可以称作是一种"新兴工商业团体"。

第一节　历史现象的出现

一

明清的苏州是个繁华的大城市。据乾隆年间（1736—1795年）一位当地居民的描述："以吾苏而论，洋货、皮货、绸缎、衣饰、金玉、珠宝、参药诸铺，戏园、游船、茶店，如山如林，不知几千万人"（《消夏闲记摘钞》卷上《苏俗奢靡》条），可见十八世纪苏州的繁华。然而，其实明清之前的苏州城，自"宋元以来，号称繁盛"（《洪武苏州府志》卷八《官宇》），北宋人朱长文即已称其："原田腴沃，常获丰穰，……可谓天下之乐土也"（《吴郡图经续记·风俗》）。不过，宋代苏州的"天下之乐土"，以及明清苏州的"（天下之）福地"（《消夏闲记摘钞》卷上"明末杀运循环"条），两者繁华的经济基础，却有很大的不同。宋代苏州地区的繁荣，主要是建立在该地农业的高生产力与高生产量上，手工业的生产尚非其经济发展的主要动力①。十四世纪之后，随着丝织与棉织等手工业的发展，使苏州地区的经济成长，添入了新的推进力量，于是，明清时期苏州城繁华表象的背后，便添入了新的发展意义。

另一方面，现代全国交通设施也有很大的增进，特别是南北大运河的整治经营得法②，赣江及大庾岭水陆联运线的辟成，以及配合了长江中、下游之间商业水运的发展，使得全国性商品流通网愈趋扩展，一个全国性市场已逐渐发展起来③。在这个新成型的全国市场里，东西向的长江中下游贸易线，以及南北向的运河—赣江—大庾岭贸易线，纵横构了这个全国性市场的两大主干道。这两大贸易干道的辐辏处，正也包含了苏州城地理位置的所在。除此之外，苏州城还有娄江（今浏河）直通东海，使其更具备有国际贸易市场的功能。乾隆年间，一所坐落在苏州城近郊的"陕西会馆"落成，它的碑文上写着："苏州为东南一大都会，商贾辐辏，百货骈阗。上自帝京（北京），远连交（趾）广（州），以及海外诸洋，梯航毕至"（《明清苏州工商业碑刻集》，下文简称《苏州碑刻》，第331页）。光绪十五年（1889年）的《武安会馆碑记》也说："苏州，东南一大都会也。南达浙闽，北接齐豫，渡江而西，走皖鄂，逾蠡，引楚、蜀、岭南"

---

① 梁庚尧，《宋元时代的苏州》，《文史哲学报》31期（1982,12），第2页。
② 江南大运河的整治成功，主要以明代永乐九年（1411年）为里程碑。在此之前，早在隋代大业六年（610年）便已进行了自京口（今镇江）到余杭（今杭州）一段运河的整治，当时苏州城便因位居运河与娄江的交汇点，而同时具备了内河航运以及海上交通的优越条件（参见傅崇兰，《中国运河城市发展史》，第97页及第52页）。然而到了永乐九年以后，由于首都北京对于漕粮的迫切需求以及整治运河技术的改进，由北京直通杭州的南北大运河才真正能发挥它巨大的功效。从此，明清政府一直都致力于维护这条运道的畅通无阻，以使南方每年数百万石漕粮得以顺利运抵北方（有关南北大运河在明清时代的整治与管理技术的改良，可参见：《中国历史自然地理》，第321页–323页）。
③ 参见吴承明，《中国资本主义与国内市场》，第223页–225页。

（《苏州碑刻》，第364页–365页）。这种结合了内河航运以及海上交通的优越地理位置，配合上明代以降全国水陆交通设备的日渐成长，使得明清时代的苏州城具备了全国性商业中心的发展条件。

除了商业交通的优越条件外，手工业的发展也是明清苏州经济成长的主因。不仅太湖流域附近的丝织、棉织手工业在此获得很大的发展，整个太湖流域的手工业成品更是以苏州为集散地。手工业与商业的相激相荡，使得苏州城具有强烈的"输出与生产的功能"，用王家范的说法即是："苏州在明代，已是江南众目睽睽，或者心向往之的中心，犹如近代的上海"[1]。这样性质的城市，吸引了大批工商业者至此寻找工作机会与生财之道，虽然他们的总人数因史料有限而难以估计，但可以确定的是：这些工商业者不但为数众多，而且还分别来自全国许许多多不同的地方，绝不限于少数地方而已。清代一位官员，在雍正元年（1723年）曾对当时苏州城的棉布加工业实况进行了调查，他说：

> 查苏州系五方杂处之地，阊门、南濠一带，客商辐辏，大半福建人民，几及万有余人。……又有染坊、踹布工匠，俱系江宁、太平、宁国人民，在苏俱无家室，总计约有三万余人。[2]

---

[1] 王家范，《明清苏州经济功能研讨——纪念苏州建城两千五百周年》，《华东师大学报》1986：5（1986，10），第27页。有关明清时代苏州城的繁华情况，另有李华，《从徐扬"盛世滋生图"看清代前期苏州工商业繁荣》、陈学文，《明清时期的苏州商业——兼论封建后期商业资本的作用》以及宫崎市定，《明清时代的苏州与轻工业的发达》（收入氏著，《ヤヂヤ史研究》第四册，第306页–320页）三篇专文可供参阅（前两篇分载《文物》1960：1，以及《苏州大学学报》1988：2）。

[2] 《雍正朱批谕旨》，第9册，第5185页。

这只是一份对苏州棉布加工业从业人员的调查，即约有工商业者四万余人之谱；而这些工商业者至少分别来自福建、江苏（江宁）、安徽（太平、宁国）等不同省份。乾隆四十二年（1777年），苏州城还出现有290名山东商人联名刊立的一份碑文（《苏州碑刻》，第337页）。当时苏州城外地工商业者的总数，应该是相当可观的。

十六世纪以后，苏州城这些众多的外来工商业者，共同组织了一种新式工商团体，他们首先是借用了"会馆"这个名词来称呼自己的团体组织。十七世纪之后，不但外来的工商业者组织了团体，连本地土著的工商业者也有了新的团体组织。这时候，除了"会馆"以外，"公所"这个名词也常被用以称呼这种新的团体组织。由十六世纪开始，各行业纷纷合组了自己的新式工商团体，此下历经发展与演变，"会馆"与"公所"便一直成为它们最常使用的名称。

关于明清苏州城工商业的种类，洪焕椿曾依据碑刻史料做过一些整理，得到有二十九种主要的手工业行业以及四十三种商业行业，兹列举如下：

（1）手工业行业：丝织业、刺绣业、染布业、踹布业、丝绵业、金线业、冶金业、钢锯业、锡器业、张金业、金银丝抽拨业、包金业、造纸业、印刷业、成衣业、粗纸箬叶业、蜡笺纸业、蜡烛业、水木业、漆作业、石作业、红木巧木业、红木梳妆业、硝皮业、寿衣业、牛皮业、织席业、缠绳业、茶食业。

（2）商业铺行：绸缎铺、布行、皮货铺、绒领铺、洋货行、米行、珠宝玉器铺、金业铺、锡器铺、金珠铺、首饰铺、银楼铺、颜料铺、典铺、钱铺、铁钉铺、油麻杂货铺、明瓦店、花店、木行、香行、猪行、木竹商行、轿行、估衣行、鱼行、糖果铺、烟号、药材铺、南北杂货行、酒行、海货铺、枣铺、肉铺、屠猪店、酱坊、烛店、煤炭铺、膳食业、酒馆业、席草业、炉饼业、梨园业。[①]

以上所述，并不是当时苏州城工商行业的总数，只是就现存史料所及，做些大概列举而已。同时，"手工业"与"商业"的分野，有时也很难界定，有许多"前店后坊"形式的业者，既有商业铺面，又有手工作坊，如冶金、造纸、明瓦、颜料等业，此点也该留意。

二

正如大陆学者方行等人所指出，工商业者使用"会馆"与"公所"二名词，基本上都是借用来的[②]。"会馆"的本义，应是指类似"同乡会"的组织。这种组织在十五世纪初年首先出现在北京城，原是供同乡官员公余聚会之用，后来逐渐变成入京入省参加科举考试的同乡士子借宿之地[③]。这种创立在外地以供做同乡人物（无论士农工商）休憩聚会的组织，从十五世纪初一直存在到二十世纪，基本上一直都以"会馆"为命名。"公所"一词则很难考其源起，基本上，这就是一种办理公共事务的所在地。有的学者举雍正元年

---

① 《明清苏州工商业碑刻集》（下省称《苏州碑刻》），第391页–392页。
② 吴承明等编，《中国资本主义发展史》卷一《中国资本主义的萌芽》，第565页，注⑩。
③ 参见何炳棣《中国会馆史论》，第11页–21页的讨论。

（1723年）的"八旗公所"（八旗都统之衙门）为现今所见最早使用的例子①。但事实上，"八旗公所"似乎并不是个官方正式使用的名称。就"会馆"与"公所"这两个名词在惯用语汇的社会化历程来看，"会馆"至十九世纪末年已经成为具有确实具体含意的术语，并为社会大众所习知②；而"公所"则一直未成为一个普遍社会化的术语，所指涉的含意一直很不确定③。但无论这两个名词的本义如何，自十六世纪之后，在中国的许多工商业发达的城市里，工商业者都曾借用过这两名词，用以称呼自己的团体组织。

虽然说苏州新兴工商团体使用的名称，也不是只有"会馆"与"公所"两种而已，现在碑刻史料上所能看到的，至少还有"公局"（丽泽公局）；"公堂"（永和公堂）；"公墅"（毗陵公墅）等不同的名称④。但是，其中还是以"会馆"与"公所"最为常见。

苏州新兴工商业团体的数目，根据1950年代末期大陆学者对现存明清碑刻史料的搜集整理，至少发现有40所"会馆"以及122所"公所"⑤。不过，其中有两个"会馆"与本文研究的工商团体无关，一所是"湖南会馆"，由湘军官员所建；一所是"八旗奉直会馆"，由八旗官员所建。近年来，吕作燮继续搜整碑刻史料与其

---

① 吴承明等编，《中国资本主义发展史》卷一《中国资本主义的萌芽》，第565页，注㊼。
② 直至今日，在中国台湾以及海外华侨居处，社会上仍有"会馆"的组织。民国时代，许多"会馆"改名为"同乡会"，但"会馆"一名词仍未完全自现代社会所使用的语汇中消失。
③ "公所"一名，似乎一直未完成其作为社会通用语汇的社会化历程。时至今日，中国台湾仍有"乡公所"的组织名称，这也许是"公所"一名词在现代社会中极少数残存的遗迹吧。
④ 分见《苏州碑刻》，第164页；第252页；第250页。
⑤ 《江苏省明清以来碑刻资料选集》（下省称《江苏碑刻》），第659页-666页，《附录：苏州会馆公所调查简目》。

他有关的文献，统计出苏州城至少有50所"会馆"以及149所"公所"①。若将上举湖南、八旗两所会馆扣除，则有48所"会馆"与149所"公所"（前举称作"公局""公堂"或"公墅"者，皆并入"公所"项下统计）。吕氏在1984年发表有《明清时期苏州的会馆与公所》一文，兹依该文的研究调查，将苏州城新兴工商团体创成年代的分布情况表列如下：

表1-1　苏州城新式工商团体创建时期表

团体名称创建时期	会馆	公所	团体名称创建时期	会馆	公所
万　历	2	0	咸　丰	0	5
天　启	1	0	同　治	2	16
顺　治	1	0	光　绪	5	16
康　熙	13	1	宣　统	1	3
雍　正	0	0	民　国	0	7
乾　隆	16	11	不　明	4	60
嘉　庆	1	9			
道　光	2	21	合　计	48	149

注：各年号之纪元如下：
(1)万历（1573—1619）(2)天启（1621—1627）(3)顺治（1644—1661）
(4)康熙（1662—1722）(5)雍正（1723—1735）(6)乾隆（1736—1795）
(7)嘉庆（1796—1820）(8)道光（1821—1850）(9)咸丰（1851—1861）
(10)同治（1862—1874）(11)光绪（1875—1908）(12)宣统（1909—1911）
(13)中华民国（1912—1949）

---

① 　吕作燮，《明清时期苏州的会馆和公所》,《中国社会经济史研究》1984：2（1984年），第19页–24页、第10页、第18页。

由这些工商团体创立的大略时代来看："会馆"的建立，以康熙到乾隆之间最为密集，共有29所，占44所约略年代已知的"会馆"数的65.9%；"公所"的建成，则至少可看出两个高峰期，一是乾隆到道光之间，共41所，占89所约略年代已知"公所"数的46.1%，另一则是同治到光绪之间，共32所，占"公所"数36%。很明显，"公所"的出现与发展，是要比"会馆"为晚。有一些学者即曾针对二者在时间分布上的这种差异，提出了有关"会馆"与"公所"在本质上有所差异的说法。

关于"会馆"与"公所"之间如何区分的问题，最流行的看法大概有两派：一派是用"商业团体"与"手工业团体"做分别；另一派则是用"同乡团体"与"同业团体"来区分。

用"商业团体"与"手工业团体"来区别"会馆"与"公所"的学者，最早可以算是英国学者玛高温（D.J.Macgowan.1814—1893）。他在1886年发表的文章中，即以"商会"（Chambers of Commerce）与"工会"（Trades Unions）分别等同于"会馆"与"公所"[1]，这代表的是第一个流派的意见。刘永成则以"同乡团体"与"同业团体"来区别"会馆"与"公所"，并且他认为：无论"会馆"或是"公所"，"皆不易区分出纯粹的手工业团体或商业团体"[2]，这代表着第二种流派的看法。

基本上，如郭立诚指陈的："（近代以前）工商业分野不甚显

---

[1] D.J.Macgowan, "Chinese Guilds or Chambers of Commerce and Trades Unions", *Journal of Norfh-China Branch of The Royal Asiatic Society*, No.21（1886），pp.133-192.所引见第133页-134页。

[2] 刘永成，《试论清代苏州手工业行会》，《历史研究》1959：11（1959年），第22页。引文为顾及行文用语的一致性，擅将刘氏"行会"一词皆改作"团体"。

著，不能勉强分开。如点心铺皆有作坊，前面买卖人称为'柜上的'，后面手艺人称为'案上的'，分工合作"①。这种"前店后坊"的工商业形态，是中国近代工业化以前较普遍的形态。单由此层看，用"商业团体"与"手工业团体"做区分，无论对"会馆"或是"公所"加以观察，都难以成立。而就算完全不考虑此层"工商业分野不甚显著"的特性，以苏州城的各业"公所"来看，至少便有：豆米商（豆米公所）、花商（花商公所）、酒馆饭店（菜业公所）、面馆（面业公所）、绸缎店（七襄公所）、水果商（南枣公所）、米商（五丰公所）、木牙商（巽正公所）、酒牙商（醴源公所）等等完全不具手工业性质的商业团体；就苏州城的"会馆"来看，至少也有蜡烛制造业（东越会馆）以及钢铁锡手工业（宁吴会馆）两所"会馆"，带有手工业团体的性质。从这些地方看来，所谓"商业团体"与"手工业团体"的区分法，破绽与不足处实在很多，特别是用"手工业团体"来定义"公所"的本质时，不足处更是十分明显。

至于用"同乡（工商）团体"与"同业（工商）团体"的区分法，似乎破绽较少些。虽然"四明公所"是由宁波籍工商业者所组成，明显地不是以"同业性"做基本的组合原则，在其内部有许多不同行业的同乡工商者加入，这与将"公所"用"同业（工商）团体"定义的区分法不符合。但这在苏州城149所"公所"总数里，乍看起来似乎是较罕见的。然而，若再仔细去检视其他许多"公所"团体，则可以看到：剃头业有"江镇公所"，这是由无锡、句

---

① 郭立诚，《行神研究》，第24页。

容、丹徒籍的同业所组成；在玉器琢磨业里，业者也依苏州籍与金陵籍，而各自组成了"珠昌玉业公所"与"玉业公所"；"面业公所"是由常州、无锡籍面业同业所组成；"湖南公所"是由浙江籍粗纸箬业同业所组成；"浙绍公所"是由绍兴府山阴县的咈布染坊同业所组成。在这些刘永成所指的"同业（工商）团体"的"公所"当中，"同业而且同乡"的成员身份属性，才是其组成的基本原则。在其他未列举出来的各业"公所"里，依"同业而且同乡"原则而成立的情况，相信还有很多，只是限于史料令后人看不太清楚罢了[①]。以"会馆"而论，它以"同乡性"做团体组成的基本原则，确实是非常明显的。然而，若再细看一些"会馆"的组成实况："大兴会馆"是由同乡木材商建立；"宣州会馆"由同乡烟商建立；"钱江会馆"由同乡绸缎商建立；"毗陵会馆"由同乡猪商建立；"江鲁会馆"则由同乡绸缎商建立。这些例子都明白显示出：许多"会馆"的组成，其实是采取"同乡而且同业"的成员身份属性为基本原则。所以，"会馆"其实是有"同乡而且同业"以及"同乡但不同业"两项不同的组成原则，"公所"也有"同业而且同乡"以及"同业但不同乡"二项不同的组合原则。"同乡同业"与"同乡不同业"，或是"同业同乡"与"同业不同乡"的工商团体，它们究竟各在苏州城众多"会馆"与"公所"中占有多大的比重，受限于史料，恐怕很难知道。但这两组四项的组合原则，在对"会馆"与"公所"下定义时，实在都不能偏忽，其组合关系可表列如下：

---

① 何炳棣曾说《江苏碑刻》中所集苏州122个"公所"的相关碑刻资料进行检视，发现具有明确地缘性（同乡性）者至少有20个以上。见氏著《中国会馆史论》，第101页。

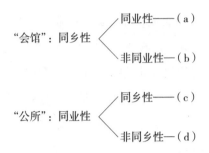

到底可不可以说："会馆"是"同乡（工商）团体"而"公所"是"同业（工商）团体"呢？从上图来看，在（b）种组合原则下的"会馆"以及（d）种原则下的"公所"，它们之间确实是有差别，可以符合刘永成的定义与区分法。然而，在（a）与（c）两种组合原则下的"会馆"与"公所"，则实在难以硬做区分，它们同样都是兼具"同乡性"与"同业性"的工商团体组织。同时，可以相信的是：（a）种"会馆"与（c）种"公所"，应该都不在少数。对（a）、（c）两种工商业团体硬作区分，是站不住脚的。

综合以上的讨论，第一派的"商人团体"与"手工业团体"区分法，破绽较大，不是有用的分析概念。至于第二派"同乡（工商）团体"与"同业（工商）团体"的区分法，则确实有部分的适用性，但仍有不小的破绽，难以照顾周全。

然而，到底"会馆"与"公所"之间有无分别呢？"吴兴会馆"〔创建于乾隆五十四年（1789年）〕一份刊刻在光绪十八年（1892年）的碑文上记载：

苏城吴兴会馆……虽为绸绸两业集事之所，而湖人之官于苏者，亦就会馆团拜宴集，以叙乡情，故不曰"公所"而曰

"会馆"也。(《苏州碑刻》,第45页)

在碑文里,显然是以工商业者"集事之所"定义"公所",而以同乡人士"团拜宴集,以叙乡情"之处定义"会馆"。可以这么说:为了表示他们这栋建筑物也欢迎非从事"绉缎两业"的同乡,特别是在苏州地区做官的同乡,来"团拜宴集",所以他们将自己这栋建筑物取名为"吴兴会馆",而不称"吴兴公所"。这似乎是十九世纪苏州城一些居民对于"会馆""公所"二名词的理解方式。准此,则是不是取名做某某"公所"的工商业团体,便要比取名某某"会馆"的工商团体,更具有工商业团体的性格?这条史料是否正好证明了刘永成的区分方法呢?乾隆四十一年(1776年)写成的《吴县永禁官占钱江会馆碑》里说:

(杭州绸)商等……公建钱江会馆,为贮货公所,外供关帝,内奉文昌……本不可为当仕公馆,……(不意有某官于上年十月携眷属住入本会馆,占用三十余间屋室,使本馆商人)不但贮货无所……(且)凡遇经营集议,以及祭祀神祇,均格碍难行。……会馆本为商贾贸易之所,未便官为久占……(《苏州碑刻》,第22页)

这份碑文明显表明了"会馆本为商贾贸易之所,未便(同乡)官为久占"。据此,则可见当时苏州居民,也不是都认为"会馆"一定要比"公所"具有较少的工商团体性格。

基本上,"会馆"与"公所"这二个名词到底有无区分的问题,可以从以下两个层次做分疏：第一，就工商业团体所举办活动的开放性来看，至少在苏州城附近，称作"会馆"，可能要比称作"公所"更能容纳团体外人物参与某些活动，更有"同乡会"的性格①。第二，就工商业团体所举办的活动内容来看，无论是以"会馆"或是"公所"来命名，团体组织的出现与维持，都以满足成员在宗教、互助、营业等方面的需要为主，二者恐怕没有太大的差别。所以，就工商业团体组织存在维持的主要目的来分析，则"会馆"与"公所"两工商团体名称实在没有硬做区分的必要，都是一种兼具"自发性""常设性"与"合法性"的新兴工商业团体，实不需要做太截然的区分。下文将续对所谓的"自发性""常设性"与"合法性"做分梳。

第二节　历史现象的特质

中国的工商业团体起源于何时？以何种形式出现？初现时，又表现着何种内涵？这些是重要的问题，但也是难以回答的问题。全汉升曾经罗列过"宗教团体说""同乡团体说""抵抗政府科敛说""资源与工作机会有限说"以及"血缘团体说"等五种有关中国工商业团体起源问题的可能答案。最后，全氏自己选择了第五个答案，认为一种独占着某种手工业技术的血缘团体，才是中国工商业

---

① "公所"也有同乡会的性格，其与"会馆"同乡会之不同，也是很难做明白区分的。两者作为同乡会使用，大概也只有些微差别而已。宝季良研究中国的"同乡组织"时，即以"会馆"与"公所"两种名称的团体同时列入研究。见氏著《同乡组织之研究》，第24页。可见若以"公所"当作同乡会的团体名称使用，也是可以的。

团体的真正前身[1]。其实，人类历史上最基本、最起初的团体组织，恐怕多是血缘团体，此也不仅工商业者为然。以此为中国工商业团体的起源，在历史文献稀罕的限制下，当然也是一种可能的推测。

然而，随着社会分工的日益发展，人际间的社会关系愈益复杂，血缘关系在工商业者间必然愈益稀薄，所占的比例也越来越小。此时，到底又是哪些因素使得工商业者产生结社行动，形成了同属某个团体组织的社会关系？在征引实证的历史文献以前，可以先对工商业团体的组织形式进行一些简单的分类：1.宗教型团体。工商业者基于共同崇祀某种神祇的需要，而形成的团体组织。2.互助型团体。工商业者或是基于照顾亲朋好友，或是基于扶持同乡人士等怜悯心，而形成的团体组织。3.营业型团体。工商业者基于经营业务上的共同利益，而形成的团体组织。4.政令型团体。工商业者为了配合政府官厅达成政令上的要求，而形成的团体组织。

以上四种工商团体的简单分类，不过是一种概念分析上的权宜分类。在实际的历史过程里，真正存在的工商业团体，可能不仅只是四类中的某一类团体组织而已，它可能是兼具好几种类型的一种综合型团体组织。理论上，工商业团体依四种基本类型的排列组合，可能出现有十五种不同的形式。但由于概念分析上的方便，同时也因为史料的局限，乃依此四类工商团体的功能角度进行分析，非谓中国历史上仅有这四类单纯类型的工商团体而已。

根据现存的文献，出现在隋代的"行"，大概是社会分工复杂化后最有可能成为传统中国工商团体组织的实体。到了唐末，除了

---

[1] 全汉升，《中国行会制度史》，第92页–93页。

"行"这个名称之外，"社"也出现在指涉工商团体的历史文献上。基本上，"社"是一种工商业者的宗教型团体，而"行"则主要是一种政令型团体。至于互助型与营业型二类团体，则也颇有可能在历史上存在过。不过，从现存的实证文献看来，从隋代以后，直到十六世纪"会馆"与"公所"这类名称出现之前，各型工商业团体大概只以"行"与"社"为主要的名称与形式。

前面曾以"自发性、常设性、合法性"三项特质来指涉本文所谓的"新兴工商业团体"。就作为这种工商业团体的"会馆"与"公所"组织而言，在十六世纪以后已逐渐发展，在十八、十九世纪已普遍存在于中国各大城镇之中。因为它们都由成员自愿参加结社，所以具有"自发性"社团的本质；同时，它们都筑有一定规模的专属建筑物、设计有一套筹措维持团体运作基金的规章，使它们也具有"常设性"；并且，这种"会馆""公所"团体在成立之际，通常都还会呈请当地官府立案保护其建筑物等公同财产，使得它们更具有某种程度的"合法性"。

在《梦粱录》这本记载南宋（1127—1279年）杭州城居民社会生活实况的史籍中，时人吴自牧说：

> 杭城富室多是外郡寄寓之人……其寄寓人，多为江商海贾……自此成家立业者众矣。数中有好善积德者，多是恤孤念苦、敬老怜贫。每见此等（孤苦老贫）人买卖不利、坐困不乐，观其声色，以钱物周给，助其生理；或死无周身之具者，妻儿罔措、莫能支吾，则给散棺木，助其火葬，以终其事。或……长幼啼号，口无饮食、身无衣盖、冻饿于道者，富家沿门亲察其孤苦

艰难，过夜以碎金银或钱，会插于门缝，以周其苦，俾侵晨展户得之，如自天降。或散以棉被絮袄与贫者，使暖其体。[①]

在这条史料里，可以看到南宋杭州城内富商周济同业与其他城中穷人的记载，他们或是送钱，或是赠予衣物被衾，其中很可能已有工商业者间互助性社会关系的发生。参与救济事业的富商应该也是自愿参加的，他们之间已有某种形式的团体活动存在，这应属"自发性"的互助型工商业团体。然而，当时是否已有"常设性"与"合法性"的互助型工商团体存在，据现有史料看，则仍是令人怀疑的。此与十六世纪之后苏州城"会馆""公所"等工商团体林立，并明显发挥有互助性功能的情景，相差远甚。

在营业型团体方面，现存的史料更是稀罕。到底在"会馆""公所"工商团体兴起之前，中国社会存不存在有营业型工商业团体？无论答案是肯定或否定，恐怕都带有更大的猜测成分。同业工商业者之间，在商业经营的过程中，总少不了一些共同的利益焦点。其他非纯粹经济性的共同利益也应存在，如财产权的保障或是营业安全的维护等等，这些外缘性共同利益在此处姑不细论。就纯经济性利益而言，面对着市场经济内供需定律的运作，某种程度的寡占，甚或绝对性的独占，永远是市场上现有商品出卖者最关心的主观愿望。对于工商业经营者来说，垄断市场常是最有利的经营之道。然而，这种垄断的动机与行为，毕竟只是工商业经营者的主观意愿，如何落实，能否落实都还要考虑当时社会结构内种种权力

---

① 吴自牧，《梦粱录》，18/294。

的配置态势。对于十六世纪"会馆""公所"等工商团体兴起之前的营业型团体，本书没有能力做较有效的考证与论断。然而，若大胆进行一点推测：结成营业型团体，其实也不过是工商业者为求垄断市场的众多可能手段当中的一项选择而已，其实还有更便利的手段可供选择。在传统中国的社会结构里，个人透过官僚机构以取得专卖垄断权，借此打倒一切市场上的竞争者，恐怕要比组合营业型团体，更容易被工商业者采纳。当然，这终究只是一种猜测而已。在现存实证史料的限制下，本书不拟论证有没有这类型团体的问题[①]。但是，如果放宽团体组织的形成标准，将工商业者在市场上形成协定价格或协定工资的"默契"行动，也算是某种泛称的团体组织的话，无论此种默契行为能维持多久，更不论其效力能有多强，只要

[①] 在实证史料严重缺乏的限制之下，讨论十六世纪之前中国有无营业型工商团体，多少有点浪费笔墨。例如，一篇记载元末杭州丝织业工人的著名历史文献——徐一夔《织工对》（收于氏著《始丰稿》卷一。有关此文记叙年代及其所记行业种类的详细考证，可参见郑天挺《关于徐一夔"织工对"》一文，载《历史研究》1958：1），文内提到十四世纪中叶左右，当地一名丝织工人，因为希冀赚取更多的金钱，先是凭着他高超的纺织技巧，而为另一家丝织作坊的老板以更高的工资转雇出去，离开了原先的作坊。其后，为了求取更多的财富，这名织工干脆脱离织工这个行业，转去做大官人家的仆役。不料数年之后，此名织工得罪了该大官而被逐出，无可奈何，他只好重做冯妇，希望回到老本行，到丝织作坊做织工。然而，由于他已有数年未做纺织的工作，昔日的精巧手艺已经生疏，同时，丝织作坊中的老板们也讨厌当日他依恃手艺高超而恣意骄人的狂妄态度，所以都不肯雇用他。结果此名织工因为找不到工作，最后乃至饿死。《织工对》该段原文是："所业已遂遗忘，人亦恶其狂、（且）不已份，不肯复佣以织，至冻饿以死"。何以该名织工最后会找不到纺织的工作？此段文字已经讲的很明白，是因为他的技艺已经生疏，而且做人态度又令人讨厌这两个原因。可是某些深信"封建社会"便该有"封建行会"存在的学者，却做了相当主观的扩充性解释，认为该名织工所以"冻饿以死"，正是表明当时营业性团体制裁力量的残酷与强固。要之，在相关史料稀罕的限制下，进行"自由心证"式的史料诠释还是该有个底线才好。（有关此种主观的扩充性解释，可参见彭泽益《"织工对"史料能说明中国手工业资本主义萌芽的问题吗？》，收入《中国资本主义萌芽问题讨论集》，台北版，第488页–519页。特别见第504页的讨论。）

他们彼此间有这种互动关系存在，便算是营业型团体。那么，营业型工商团体在十六世纪之前的中国，应该也是存在的。

既属默契，则可算作是"自发性"工商业团体，与"会馆""公所"的"自发性"本质相似。拿此种形式的营业型团体与"会馆""公所"再深入做比较，则可以发现后者在"常设性"与"合法性"上的显明特征，与前者又有本质上的不同。这种"会馆""公所"团体，许多都制定有营业用的条文规章，可称为"行规"，如道光二十四年（1844年）"小木公所"拟定的十条"条规"即是个典型的例子（见《苏州碑刻》，第136页）。这些行规不仅形诸文字且刻入石碑；其成员还募款集资购买一栋专属团体的建筑物，具有很高的"常设性"；同时，团体的活动规章以及团体建筑物的产权登记，也常送呈当地官府立案备查，具有某种程度的"合法性"。这些"常设性"与"合法性"的本质，都是与十六世纪以前历史上营业型工商团体大异其趣的。

工商业者基于宗教祭祀的动机，在很早便产生有某种形式的团体组织。但表现在历史文献上的，大概以唐末九世纪前后苏州城的记载为最早：

> 吴泰伯庙，在东阊门之西，每春秋季，市肆皆率其党，合牢醴，祈福于三让王，多图善马、彩舆、女子以献之，非其月，亦无虚日。乙丑春，有金银行首，纠合其徒，以绡画美人捧胡琴以从。[1]

---

[1] 《太平广记》卷二八〇，"刘景复"条（引《纂异记》），第2235页。

其后在十二世纪的南宋杭州城也有类似的记载：

> 北极佑圣真君圣降及诞辰……诸行亦有供献之社。……每
> 遇神圣诞日，诸行市户俱有会，迎献不一：如……七宝行献七宝
> 玩具为社……青果行献时果社……鱼儿活行以异样龟鱼呈献。[①]

祭祀活动的共同行为，很可能反映着某种"自发性"团体组织的存在。上引两段史料中，一则祭祀的是"三让王"，一则则是"北极佑圣真君"。此二种神祇，依史料前后文看，似乎都不是专属某行业的祭祀对象。持此与十六世纪以后的"会馆""公所"相比较，则"会馆""公所"团体不但拥有专属建筑物以崇祀自己的神祇，形成一种更具"常设性"的宗教型团体；而且，还由官府立案保护其祭祀所用的建筑物，以免受不法之徒的侵犯，因此成为一种更具"合法性"的宗教型团体。虽然同属"自发性"团体，但却由于明显兼具着"常设性"与"合法性"的两项特质，"会馆""公所"便有异于史料中诸工商行业的"献供之社"。

综结至此所讨论过的互助型、营业型以及宗教型三类工商业团体组织的性质，可以发现：在十六世纪之前，尽管这三型工商业团体都具有"自发性"的特质，然而在"常设性"与"合法性"的特质上，它们都无法与十六纪以后出现在苏州城的"会馆""公所"这类工商团体相比拟。

---

① 《梦粱录》，"社会"条，19/299–300。由此处"社会"一词的用法来看，可知南宋时代此词与今日习用之"社会"（society）一词的意义有很大出入。清代学者俞正燮说："祭社会饮，谓之社会。"（《癸巳存稿》卷八"释社"条）可知此词原是专指宗教上的祭祀活动而言。

在有关工商业团体的文献记载中，出现最早而且次数最频繁的名称，大概便是工商业者的"行"了。严格说起来，正如杨联升所指出的，"行"这个名词经常是表示"行业"，而非"行会"（工商业团体）[1]。《清稗类钞》上也说："三十六行者，种种职业也"[2]。所以，尽管在历史文献上"行"可以指涉一种工商业团体组织，但是不该忘记的是：大部分文献上的"行"，恐怕仍是指行业，而非工商业团体。至于作为工商业团体意义下的"行"，依照南宋人的解释：

> 市肆之谓"行"者，因官府科索而得此名，不以其物小大，但合充用者，皆置为"行"。[3]
> 市肆谓之"团行"者，盖因官府回买而立此名，不以物之大小，皆置为"团行"。[4]

这两条史料中，都可以很清楚地看到政府官厅基于行政消费或是征收货品的动机，于是将工商业者编组成命名为"行"或是"团行"的团体组织。很明显地，"行"具有"政令型"工商团体的形式。宋人真德秀并对当时的"行"团体有下列的描述：

> ……（黄池镇）商贾所聚，市井贸易，稍稍繁盛。州县官

---

[1] 杨联升作，段昌国译，《传统中国政府对城市商人的统制》（收于段昌国等译《中国思想与制度论集》），所引见第389页。
[2] 徐珂，《清稗类钞》卷四十四，《农商类》，"三十六行"条，第45页。
[3] 耐得翁，《都城纪胜》（成书于1235年，记南宋杭州城之事），"诸行"条，第91页。
[4] 《梦粱录》，"团行"条，13/238。

凡有需索，皆取办于一镇之内。诸般百物，皆有行名。人户之挂名籍，终其身以至子孙，无由得脱。[1]

工商业者一旦被编入"行"中，则"终其身以至子孙，无由得脱"，这种团体的"强制性"本质可见一斑。而既然是由政府编组，则从当时法律的层面而论，这当然是一种有"合法性"的工商团体；同时，只要采用这项将工商业者编组为"行"的政府与法律存在，这个政令型团体组织便能继续运作，政府与法律常有较高的稳定性，所以这也是一种"常设性"很高的工商团体。是故，这种具有"强制性""常设性"以及"合法性"的政令型工商团体，便有别于前面讨论过的那些相对说来具有"自发性""临时性"以及"秘密性"的宗教型、互助型与营业型工商团体。这些不同的工商团体，成为十六世纪以前与"会馆""公所"在本质上迥然有别的工商团体。

"行"团体所呈现出的"强制性"本质，主要肇因于中国社会权力结构中政府的威权性格。政府官厅对物资劳力有所需求，而民间工商业者正好能供给商品用以满足政府的需求，这是"行"团体成立的基本背景条件。另外，政府官厅为了预防风险，希望能在期限内圆满达成上司交代采购的任务，乃将当地工商业者按其行业编组，登录在册籍文书之中，这更加强官员编组"行"团体政令措施的意志。政府官厅采买，工商业者出卖，"行"原本扮演的，是在政府与工商业者之间进行市场交换的中介角色。然而，由于政府权力的威权性格，一边是"长官"，一边则是"小民"，双方权力强

---

① 真德秀，《真文忠公文集》卷七，《申御史台并户部照会罢黄池镇行铺状》。

弱的基础差距太大，常易使原本的市场交换关系变质，工商业者经常不可避免地要蒙受财物的损失。所以，工商业者势必不愿意加入"行"团体；但是由于政府官厅对于物资劳力的经常性需求，"行"团体仍然被强制维持住。最后，"行"团体的市场交换关系终于异化成为一种徭役关系。所以，"行"团体的工商业者在向政府提供商品时，常被称作是"当行"，含有浓厚的承值应差、为政府服无偿徭役的意味。是故，它总是成为一种"强制性"的团体组织。

部分富有改革时弊精神的官员，也曾不断严厉地批评"行"团体的弊端，希望确保工商业者的财产权。在北宋王安石变法的时代，甚至一度也有"免行钱"的设计，透过向工商业者征收定额金钱的办法，政府自己在市场上购买所需商品，不再责求"行"中工商业者按期缴纳物资或劳力[①]。再如"时估"制度的推行，官府规定工商业者每月亲赴该地官厅申报商品时价，当政府有需求时，

① 宋神宗熙宁六年（1073年）左右，王安石等人建议改采"免行钱"制度，以取代强迫编组"行"团体的弊政。《续资治通鉴长编》（熙宁六年五月戊辰条）载："详定行户利害……今众行愿出免行钱，……据行人徐中正等状，屠户中下户二十六户，每年共出免行钱六百贯文赴官，更不供逐处肉。今据众行人状，定到下项：中户一十三户，共出钱四百贯文。一年十二月份，乞逐月送纳。每户纳钱二贯七十文。下户一十三户，共出钱二百贯文。……每户纳钱一贯二百九十文"（卷二四五，第12页上）。其后，为了到底改纳免行钱，还是仍采编组"行"团体的制度对百姓较好，朝中大臣产生争议。结果，主张改纳免行钱的王安石，也对此办法做了部分修正："令……召免行人户，问其情愿，即令出钱；若不愿，即令依旧供行……"（同上书，熙宁七年三月戊午条，卷二五一，第14页下）。这种免行钱制与当行制（行役制）之间的往复出现，到了明代依然重复发生。沈榜《宛署杂记》记载十六世纪左右明代此种政令型工商团体"行"（时称为"铺行"）的情况："遇衙门有大典礼，则按籍给值使役，而互易之，其名曰'行户'；……一行之物，总以一人答应，岁终践我，其名曰'当行'，……未有征银之例。后因各行不便，乃议征银"（第92页）。[有关宋代免行钱制度的研究，可参阅日本学者古林森广的作品：《北宋の免行钱について——宋代商人组合"行"の一研究》，《东方学》38（1969，8）第1页-14页。]

即以业者申报之价格向业者购入①。另外，明代还创立了"召商买办"制度，希望减轻或免除对"行"团体的侵扰②。这些形形色色的改革措施，都曾在历史上出现过。然而，由于商品市场的发达程度仍然太低，加上各级政府衙门的公费有限，使得官府的消费需求

① 这种"时估"制度，在北宋似乎便可看到一些端倪，如《宋会要辑稿》载天禧二年（1018年）十二月宋真宗的诏令："自今，令诸行铺人户，依先降条约，于旬假日齐集，定夺次旬诸般物色见（现）卖价，状赴府司，候入旬一日，牒送杂买务，仍别写一本，具言诸户某年月日分时估"（《食货》五十五，《杂买务》条下）。到了明代，"时估"已成为朝廷明令通行全国各州县的制度，成为地方官的基本职责之一："凡民间市肆买卖，一应货物价值，须从州县亲民衙门按月从实申报，合干上司。遇有买办军需等项，以凭照价收买"（《诸司职掌》，《户部：金科》条），此条命令发布在洪武二十六年（据《万历大明会典》，卷三十七，"户部：时估"所附年代）。这种时估制度，到了清代前期，似乎已被具有"评定商品物价"功能的牙行制度取代，不再出现在《大清会典》里。［牙行制度的发展，到清朝逐渐成熟，成为官府与工商业者间一个重要的中介制度，对于中国工商团体的发展亦有相当程度的影响。有关牙行制度的研究，近年来有两篇文章甚值得参考：吴奇衍，《清代前期牙行制试述》，《清史论丛》6（1985年）；陈忠平，《明清时期江南市镇的牙人与牙行》，《中国经济史研究》1987：2（1987年）］。

② 《明史》（卷八二，《食货》六）载："先是，上供之物，任土作贡，日岁办；不给，则官出钱以市，日采办。其后，本折兼收，采办愈繁，于是召商置买"（第1991页）。赵毅将明代这种官府与工商铺户之间的"买办"关系分成三个演变阶段："当行买办"（洪武至宣德年间）、"召商买办"（正统至正德）与"金商买办"（嘉靖至明末）。参见赵氏《铺户、商役和明代城市经济》一文［载《东北师大学报》1985：4（1985，7）］，第37页。有关明代的买办制度，还有唐文基《明代的铺户及其买办制度》一文可参阅［载《历史研究》1985：3（1983，10）］。在唐、赵二位先生的文章里，都可以看到明代铺户团体与政府官厅间关系的滑落，总是自市场交换关系滑落至徭役关系，工商业者终究是要损失财物。有些日本学者索性便从徭役制度的层面去看二者间的关系，这方面的作品，早期的有：佐佐木荣一《商役の成立について——明代两京における买办体制の进展——》，与《明代两京の商人を对象とせる杂泛について》［二文分刊于《历史》15（1957年）以及《文化》17：6（1953年）］。近年来，则有佐藤学《明末京师商役优免问题について》一文［载《集刊东洋学》44（1980年）］。无论如何，"召商买办"制度本是为了减轻工商业者"当行"的财物损失而设计的。所以，虽然召商买办实行到最后，工商业者还是难免要遭受损失，但是诚如赵毅所指出的："（这）在很大程度上是因为吏治腐迹所造成的，不在召商、金商制度本身"（上引文，第40页）。

时常不能单凭市场关系来达成，终究还是要靠编组"行"团体这项政令来满足需求。因此，上举三种将徭役关系导正为市场交换关系的努力（免行钱、时估与召商买办制度），总是会徒劳无功。在此种背景之下，"行"这种政令型工商团体乃始终不得不呈现出一种"强制性"的本质①。

虽然"会馆""公所"团体有时确实也能发挥一些政令型团体的功能，如帮助政府推行官定度量衡制（《苏州碑刻》，第251页），但却不减其成员"自发性"本质，二者实是大不相同的。如果不是自发性的结社行为，"会馆""公所"成员怎会愿意共同捐资去购建一栋专属团体的民间私有建筑物？怎能使成员在没有法律强制规定下还定期缴纳团体会费？这都不是宋代以降强制性"行"团体下成员所会产生的行为。

十六世纪以后，在苏州城出现的"会馆""公所"这类工商团体，和其前在中国历史文献出现的诸般工商团体一样，都可以依"宗教型""互助型""营业型"以及"政令型"四种功能角度加以分析。苏州城这些取名"会馆""公所"的工商团体，根据它们在四种功能向度上的表现看来，可自记载它们活动的许多史料里，抽离出"自发性""常设性"以及"合法性"这三项本质性特征，成为这类团体组织的三项基本特质。"自发性或强制性""常设性或临时性"以及"合法性或秘密性"，这三组有关工商业团体本质性的分析概念，可作为区分传统工商业团体本质性差异的有效判准。本节的主旨，即在透过这三组本质性判准的分析概念，点出本文所以

---

① 基本上，本文是以一种"强制性"政令型工商团体去理解唐末以后文献上的"行"团体。此点与加藤繁有很大的不同。加藤氏在基本上认为"行"应是一

种"自发性"的工商团体,它的组成动机来自于同业工商人为了保持营业独占权。同时,他将这种营业独占权归因于唐代中叶以前都市里"坊市制"与"市肆制"下的自然营业习惯;认为从唐中叶起,"市肆制"已渐渐维持不住,到北宋中叶以后此制完全崩溃,此时城市里原有的工商业者,由于受到因"市肆制"崩溃而使商业竞争转剧的刺激,乃加强了彼此的结社动机,"行"团体的组织于焉成立(参见氏著《论唐宋时代的商业组织"行"并及清代的会馆》一文,收入氏著,吴杰译,《中国经济史考证》,第377页-411页。所引加藤氏此文主旨,特别见第395页-399页之论证)。当然,在有关中国工商团体活动历史文献相当稀罕的情形下,加藤氏这一套推论亦有"理论上"的可能。然而,本文仍不采取此种说法。理由有二:第一,在市肆制度下,工商业者之间究竟是近于"独占"与"完全竞争"两种不同市场结构极端的哪一边,此点仍然很有问题。赵冈即曾指出:在市肆制度之下,"所有的商贩都要聚于一处,在指定的时间里,大家同时营业;甚至于售卖同一商品者都被排列在一行一列,无人有丝毫地利可言。购买者也是聚于同一市场中,出价购买。这种经济理论中的完全自由竞争的市场,在外国商业史上不常见,但在中国历史上却(因市肆制度的存在)得以长时期维持"(见氏著,《中国经济制度史论》,第446–447页)。赵先生对中国经济史上许多问题有不少特别的看法,此处他对市肆制下市场结构本质的评论,至今亦尚非定论。然而,这已经提供了在加藤氏寡占市场结构看法之外的另外一种"理论上"的可能。而更重要的一点是:加藤氏对于中国官员管理市场的能力,恐怕认识不够,对于传统中国经济思想里"均平"意理的影响力也估计过低。《唐律疏议》载:"诸市司评物价。不平者,计其贵贱,坐赃论"(卷二十六,《杂律》),文中的"市司",便是唐代管理市场的官员,他们的职责是:"掌市廛交易,禁斥非违之事"(《唐六典》卷三十)。工商业者的联合垄断行为,其实很难在此种市场环境下随意发展[有关唐代管理市场的种种法律规定,可参考:陶希圣,《唐代管理"市"的法令》,《食货》4:8(1936,9)。另外,有关汉代的市肆管理制度,可参见:刘志远,《汉代市井考》,《文史论丛》,第104页-118页。佐藤武敏的《长安》一书,则对汉唐的市场管理制度都有简洁的叙述,可供做参考]。同时,在中国传统经济思想里,反映"均平"思想的文字更是不胜缕举,最有名的当然是孔子所说的:"不患贫而患不均,不患寡而患不安"(《论语》《季氏》,引文据俞樾《群经平议》,卷三十一,改动通行本"不患寡而……,不患贫而……"的文字),再如何休《春秋公羊经传解诂》上也说:"天地所生,非一家之有,有无当相通"(陈立,《公羊义疏》卷三,第69页)。这类"均平"思想深刻影响到传统官员士大夫的工商业政令,这些官员永远是工商业者欲垄断市场的死敌,这恐怕是加藤氏未曾估计到的(有关"均平"思想的讨论,可参见:萧璠《关于战国秦汉分配理论的一些初步考察》,收入《第二届中国社会经济史研讨会论文集》,第153页-171页)。所以,关于加藤氏这种在市肆制度下同业工商业者因为同街开店而自然形成营业垄断权的提法,很令人怀疑。加藤氏对"行"团体源自市肆制度下营业垄断权习惯的理论,实在有严重的破绽。这是本文所以不采取"行"团体是"自发性"组织的第一个理由。官府与工商业者之间的徭役关系,究竟该如何在"行"团体上定位,此则与本文不取加藤氏看法的第二个理由有关。宋代人对"行"团体的定义其实已很清楚:"市肆谓之行者,因官府科索而得此名,不以其物小大,但合充用者,皆置为行"(《都城纪胜》)。然而,加藤氏对此条史料的解释却颇为奇异:"特权和报偿,是时常互为表里的。应该看作主要是对于特权的报偿。有了'行'的特权,就开始发生行役,而'行'却不是为了行役才产生的"(上引文,第397页)。这个看法也就是说:在"行"团体之下,工商业者与官府做生意时所遭受到的财物损失,不过是为了维持他们换得官府保护其营业垄断权的一种必要支出或牺牲,所失在此,所得在彼,所以他说"特权和报偿"相表里,所以他认为"行"的本质是"自发性"的。本文则觉得,加藤氏这种提法,基本上,对于中国社会结构里政府权力的性格认识不足,对于国家与民众("编户齐民")之间的关系,特别是十六世纪以前普遍存在的徭役关系的理解不够。官府对工商业团体所遭受之财物损失,当然也会觉得是不妥的疵政,官僚体系里总会试图去革弊干蛊一关系番(如改纳免行钱等);然而,在国家与人民间遍存的徭役尚未松动以前,"行"团体所受的财物损失,只要不太过分(商品价格通常有"官价"、"民价"两种,前者常低于后者),这种损失很容易便被合理化为人民向官府提供的义务性徭役,官府是否会因为工商业者的徭役损失而给予营业寡占特权,实在非常令人怀疑。加藤氏所指的"特权与报偿"相表里的情况,也确实曾在历史上出现过,不过,基本上那是属于一种"特许商人"的范畴,如清代的盐商与官牙商,不是一般工商业者与政府之间的关系(有关清代盐商与官僚组织之间的关系可参见:徐泓,《清代两淮盐场的研究》; Thomas A.Metzger,"The Organizational Capabilities of the Ch'ing State in the Field of Commerce:The Liang–huai Salt Monopoly,1740—1848,",in W.E.Willmote ed.*Economic Organization in Chinese Society*,pp.1–46)。事实上,加藤氏正是以清代盐商的那种官商关系去理解宋代的"行"团体(氏著上引文,第397页)。然而,此种特许商人的发展,可能自十六世纪之后才慢慢演变成制度性的存在,而且直到十九世纪末,这种特许商制度在全体工商各业里所占的比重,恐怕都还相当有限。所以,加藤氏此种比附是很可疑的,并不适用于宋代的"行"团体。因此,加藤氏基于此种比附而提出的论断,认为"行"团体是"先有行的特权,再开始行的徭役",实在是有待商榷。由于以上两层理由,本文仍以"强制性"而非"自发性"的团体组织,去定义"行"这种政令型工商团体。

指称"会馆""公所"为"新兴工商业团体"的真实含意。当然，与"新兴式"这个概念相标举，本节所述及的十六世纪前的四型工商业团体，自然可以称作是"传统式"工商业团体。至此，可将本节所述主旨制成下表：

表1-2 "新兴式"与"传统式"工商业团体

式别 型号	传 统 式	新 兴 式
宗教型	a1 b2 c2	a1 b1 c1
互助型	a1 b2 c2	a1 b1 c1
营业型	a1 b2 c2	a1 b1 c1
政令型	a2 b1 c1	a1 b1 c1

工商业团体组织的三组本质性判准：

(1) 自发性（a1）
　　强制性（a2）

(2) 常设性（b1）
　　临时性（b2）

(3) 合法性（c1）
　　秘密性（c2）

在上表中，其呈现出来的含意，可说是有关"传统式"与"新兴式"两类工商团体的"理念类型"（ideal type）①。依（a1 b2 c2）与（a2 b1 c1）两种不同本质而组成的工商业团体，称为"传统式"工商团体；以（a1 b1 c1）本质而组成者，称为"新兴式"工商业团体。（a1 b2 c2）（a2 b1 c1）以及（a1 b1 c1）这三个"概念体"，是对有关中国工商业团体的史料进行阅读理解，然后将一些"有意义

① 所谓的"理念类型"，是基于研究者价值关联（value relevance）的取向，在面对历史现象时，选择某一特定的现象，根据史料或其他有关的经验事实，将该现象中的主要特征加以片面的强化，进而构成一个分析的工具。它不是单纯地对于现象本身进行叙述，因为它势必经过理念思维的运作，将数据特征挑选出来并加以组合；但是它也不单纯只是研究者主观的选择或是逻辑上的空想与推理，因为他必须植基于经验事实，才能提炼成形。它源自历史现象，形成之后，又回过头来，用以分析历史现象。（转引高承恕，《从对马克斯·韦伯的再诠释谈历史研究与社会学的关联》，收入氏著《理性化与资本主义——韦伯与韦伯之外》，第5页）。

的"概念自史料中抽离出来，依这些概念的不同本质，区分而出的三个"概念体"。其主要用意，不在说明"传统式"与"新兴式"工商业团体各"是"什么团体组织，而是在透过这些不同的"概念体"彰显出两类团体本质性差异的所在，进而透过这些差异探究其背后的历史意义。

第二章
新兴工商团体的组织发展

　　自十六世纪以降，诞生在苏州城的这类新兴工商业团体，至少包含有48个"会馆"以及149个"公所"，为数约在200个以上。它们先后出现在十六世纪至二十世纪初年之间，而尤以十八、十九世纪这两百年为其出现的高峰期。这些工商团体留下了许多相关的石刻碑文，成为研究它们的珍贵史料。以下对该种团体组织所进行的分析，主要即依据《明清苏州工商业碑刻集》（下称《苏州碑刻》）一书所搜集的258件碑文为分析素材。在这些碑文当中，可见到的命名为"会馆"或是"公所"的团体组织，约有90多个[①]。不过，这90多个团体并非全都是本文所研究的工商团体组织；同时，其分布的地区也不限于苏州城而已，其他如常熟县、昭文县以及吴江县的盛泽镇等处，也有一些工商团体资料被搜录。本文根据《苏州碑刻》所载有关苏州城新兴工商团体资料较清楚的碑文，另外参酌清

---

① 据《苏州碑刻》的编者说明与后记，分见第1页；第393页。

代人顾震涛所著《吴门表隐》一书之资料①，将68个此类团体的资料进行列整排比，分别对其组织发展与权力运作进行分析。

表2-1　样本资料：六十八所新兴工商团体资料简表

编号	团体名称	创建年代	资料来源
1	三山会馆	万历年间	苏碑237*
2	岭南会馆	万历年间	苏碑226
3	潮州会馆	清初	苏碑232
4	大兴会馆	康熙十九年	苏碑079
5	东齐会馆	康熙二十年	苏碑231
6	江西会馆	康熙二十三年	苏碑224
7	汀州会馆	康熙五十七年	苏碑248
8	高宝会馆	康熙五十七年	苏碑161
9	武林杭线会馆	乾隆初年	苏碑143
10	金华会馆	乾隆十七年	苏碑227
11	陕西会馆	乾隆二十六年	苏碑228
12	钱江会馆	乾隆三十年	苏碑015
13	毗陵会馆	乾隆二十七年	苏碑162
14	全晋会馆	乾隆三十年	苏碑229
15	新安会馆	乾隆年间	苏碑051
16	吴兴会馆	乾隆五十四年	苏碑036
17	仙翁会馆	乾隆五十八年	苏碑059
18	嘉应会馆	嘉庆十四年	苏碑235
19	东越会馆	道光三年	苏碑177

---

① 全书未能见到，本文所据此书资料皆转引自：彭泽益编，《中国近代手工业史资料》第一卷，第182页-185页。

编号	团体名称	创建年代	资料来源
20	武安会馆	光绪十二年	苏碑246
21	崇德书院	康熙十年	苏碑065
22	面业公所	乾隆二十二年	苏碑172
23	成衣公所	乾隆四十五年	苏碑146
24	江鲁公所	乾隆四十六年	苏碑194
25	豆米公所	乾隆年间	苏碑156
26	永宁公所	嘉庆年间	苏碑131
27	圆金公所	嘉庆五年	苏碑102
28	江镇公所	嘉庆年间	苏碑198
29	小木公所	嘉庆十五年	苏碑087
30	柏油公所	嘉庆二十四年	苏碑180
31	咏勤公所	嘉庆年间	苏碑132
32	七襄公所	嘉庆二十年	苏碑021
33	掌礼通业公所	道光十五年	苏碑242
34	咸庆公所	道光十六年	苏碑133
35	丽泽公局	道光十六年	苏碑103
36	性善公所	道光十六年	苏碑093
37	承善公所	道光十七年	《吴门表隐》
38	嘉凝公所	道光十四年	《吴门表隐》
39	明瓦公所	道光二十年	苏碑085
40	醴源公所	道光二十四年	苏碑169
41	三义公所	道光二十五年	苏碑170
42	梓义公所	道光三十年	苏碑078
43	云章公所	咸丰六年	苏碑139

编号	团体名称	创建年代	资料来源
44	永和公堂	咸丰八年	苏碑164
45	丝业公所	咸丰十年前	苏碑025
46	梳妆公所	咸丰十年前	苏碑089
47	颌业公所	咸丰十年前	苏碑148
48	浙南公所	咸丰十年前	苏碑244
49	锦文公所	同治六年	苏碑032
50	安怀公所	同治七年	苏碑107
51	云锦公所	同治年间	苏碑028
52	尚始公所	同治七年	苏碑053
53	两宜公所	同治九年	苏碑061
54	浙绍公所	同治九年	苏碑054
55	巽正公所	同治九年	苏碑080
56	绚章公所	同治十一年	苏碑063
57	裘业公所	同治十二年	苏碑136
58	酱业公所	同治十二年	苏碑171
59	香业公所	同治十二年	苏碑150
60	猪业公所	同治十三年	苏碑165
61	钢锯公所	光绪二年前	苏碑099
62	钱业公所	光绪十五年前	苏碑124
63	安仁公所	光绪二十三年	苏碑144
64	采绳公所	光绪二十三年	苏碑145
65	友乐公所	光绪二十八年	苏碑173
66	石业公所	光绪三十二年	苏碑086
67	崇礼堂公所	光绪三十三年	苏碑115

编号	团体名称	创建年代	资料来源
68	坤震公所	宣统元年	苏碑187

注："苏碑237"即指《苏州碑刻》第237号，下皆仿此例。至于各新式工商团体的创建年代，则大体上依据吕作燮《明清时期苏州的会馆和公所》一文所标举之年代。唯有两个年代则经比对《苏州碑刻》做了改动：1.第32号"七襄公所"，接《苏州碑刻》第28页，改道光五年为"乙亥"年（嘉庆二十年）；2.第62号"钱业公所"，据碑文第124号（光绪十五年所刻），文中已有"公所司月"字样，可见吕文所举"光绪二十九年"尚非该公所创建年代，在光绪十五年之前应当已有该团体。另外，附带说明的是：有些资料来源不只一件碑文，为求简便，此表仅标举一件碑文做代表，其余相关资料不尽缕列于此表中。

　　有关这68个新兴工商团体详细的组织与功能实况，现存的史料都不足以全盘地对其进行细密的分析。这些团体留下的史料，有些可以对其组织情形进行不同程度的分析，但却在功能方面有太大的留白，未留下有用的史料可加以利用；有些则略具一些可作功能分析的史料，但在组织内容上却又付诸阙如。虽然这68个样本资料仍有很大的不理想处，但比起现有的史料而言，这批样本资料仍是相当宝贵的，故本表已采取从宽的立场来选样，制成这68个样本的简表。在本章与下章中，将分别由组织面与功能面来做进一步的取样与分析。

　　另外，要附带说明的是，本表65到68号四个样本，在成立时间上已超过了本文标题"十八、十九世纪"的指涉时间（光绪二十六年即为公元1900年），唯本文仍将此四个团体列为分析对象。除了因为它们在时间上相当接近十九世纪之外（最晚的"坤震公所"成立在1909年），也因为此四个样本资料的内涵，与其他十八、十九世纪的样本相比较，在性质上并未有明显的差异，故皆列入本表68

个样本里[1]。

关于这些兴起于十六世纪而发达在十八、十九世纪的新兴工商业团体，其组织发展的过程如何？其组织发展的原因为何？这是本章准备进行勾勒的主题。

第一节　组织发展的过程

这68个工商团体最大的一个共同点，便是都拥有一处经过地

---

[1]　十九世纪末期，清朝政府对于工商业发展的态度，已愈益发生本质性的变化，尤其是自"商战"观念提出以后，扶植本国工商业发展以收回中国丧失于外国资本家的经济利权，逐渐成为当时全国舆论的共识。终于在1903年（光绪二十九年）9月，清廷正式成立了"商部"，并且于1904年元月下令全国各城镇成立"商会"，积极为中国工商业发展谋求兴利除弊的政策。苏州城的"商会"亦于1905年11月诞生。有关"商战"思潮的研究，可参见：（1）王尔敏，《商战观念与重商思想》，《"中研院"近史所集刊》第五期（1976，6）。王先生考证"商战"一词最早应当出现在同治元年（1862年）曾国藩致湖南巡抚毛鸿宾的一封信上，在信中，曾氏以"商战"一词与秦代商鞅之"耕战"做对比。（2）李陈顺妍，《晚清的重商主义》，《"中研院"近史所集刊》第二期上册（1972，6）。至于苏州"商会"的诞生与其扮演的功能，可参见：朱英，《清末苏州商会述论》，《档案与历史》1987：4（1972）。有关晚清"商会"与十九世纪"公所"的同异问题，近年来亦有许多大陆学者进行讨论，下举四文做为参考：（1）徐鼎新，《中国商会研究综述》，《历史研究》1986：6（1986）。（2）唐文权，《苏州工商各业公所的兴废》，《历史研究》1986：3（1986）。（3）朱英，《清末商会"官督商办"的性质与特点》，《历史研究》1987：6（1987）。（4）马敏、朱英，《浅谈晚清苏州商会与行会的区别及其联系》，《中国经济史研究》1988：3（1988）。大致说来，他们的看法可分为下列两派：一是将"商会"与"公所"的性质对立起来看，认为"商会作用的大大加强，使工商各业公所名存实亡，呈现出解体的种种迹象"（唐文权，第2文，第72页）；另一派则认为二者不是那么截然不同，"一方面是因为商会在某种程度上受到旧式行会（按：即"公所"等新兴工商团体）组织形式的影响，另一方面也是旧式行会渐趋更新的结果"（马敏、朱英，第4文，第89页）。自1905年（光绪三十一年）11月苏州城出现"商会"之后，无论自此是否便能立即影响到城内原有工商团体组织的性质，至少由以后成立的"石业公所"（1906年）、"崇礼堂公所"（1907年）以及"坤震公所"（1909年）的相关碑文资料来看，本文以为仍是可以纳入十八、十九世纪苏州城新兴工商团体发展的脉络下来进行分析。

方官府立案保护的专属建筑物。无论这建筑物被取名为"会馆"或"公所",甚至是"公局"或"公堂"(表2-1,35与44号),基本上这些名称指的都是工商团体专用的那栋建筑物。而由于工商业者以这栋建筑物为其共同活动的基地,在参与活动的工商业者之间,开始产生了一系列的社会互动关系,最后终于变成了一个"事实上"的社团组织。对于地方官府而言,这些由工商业者捐资购建的建筑物或土地,是一笔在现有法律保障下的"公同财产",是属于当初捐资购建并呈请官府立案的人们的"公同财产"。

因此,分析这些工商团体的组织,必须要特别认清:它们的组织形式是一个渐进的发展过程,尤其是以一种法律上"公同财产"的成立作为组织发展的一个重要里程碑。"公同财产"的成立,不仅是作为那些出资购建的工商业者在产生结社行动上的一个重要里程碑;更由于要支付这些公同财产在保管养护上的开销,乃又进一步发展出一套经常性的管理与募款制度,使得这些工商团体的组织发展更上一层楼。透过种种"公同财产"的成立与扩展,在官府保障属于工商团体的"公同财产"权的基础上,成员彼此间的权利义务关系,从而得以建立与发展。要享受这些"公同财产"的权利,便要付出某种形式的义务,成员间的权利义务关系便随着"公同财产"范围与价值的扩充而逐渐清晰,属于该团体组织的某些特定规章也因此诞生。

"公同财产"的成立与成员间权利义务关系的厘清,两者间有着密切的连带关系。对于苏州城这些取名"会馆"与"公所"的新兴工商团体而言,尽管有着各自不同规模的"公同财产",然而它们都有一项共通的特征:那便是一处专属于工商业者成员的公有建筑物。虽说各建筑物的规模大小与价值高低有着程度不同的差异，然而却都是出诸成员自愿捐资而产生。无论建购该建筑物的原始动机为何，一处由成员醵款集资购建而诞生的专属建筑物，已表示着该工商团体在组织发展"形式化"上的第一阶段，代表着一群工商业者在结社行为上的初步具体成果。此后，在这些已具备专属建筑物的工商团体里，则可以看到它各自不同的发展面貌与结果。有的团体组织借着"公同财产"的维持与扩充，而在组织发展过程里得到更进一步的"形式化"，成员的结社诱因得到维持与发展，成员间的权利义务关系更加明确与强化，不仅形成组织规章，而且还获得成员相当的尊重，这便顺利地发展到该工商团体组织"形式化"的第二阶段。

某些已有专属建筑物与组织规章的工商团体的发展，也可能并不顺利，未能继续维持住组织"形式化"的第二阶段。如上表25号创建在乾隆年间的"豆米公所"即是一例，在一份刊刻在1919年的碑文上，该团体成员自述说：

> 伏查商等米豆行一业，于前清乾隆年间曾经立案刊碑立石，在胥门外水仙庙设立公所，由来已久。年湮代远，行规废弛。虽公所中照例亦举有职员，唯无人过问。（《苏州碑刻》，第238页）

这个"豆米公所"虽然创立在十八世纪，然而其组织发展"形式化"的过程却出现挫折与危机，所以"行规废弛"，甚至连建筑物的管理工作也"无人过问"。这里反映出一个重要的事实：大量出现在十八与十九世纪苏州城的新兴工商团体，其组织发展的过程是一种有转折变化的发展过程，组织"形式化"的发展，端视团体组织是否能够提供与维持成员足够的结社诱因。因为有足够的诱因，所以组织"形式化"的第一大步——专属建筑物出现了；至于第二大步——组织运作规章的顺利运作——究竟能否产生与维持，则尚是未定之数，要取决于其吸引成员的结社诱因是否能够持续存在或是否得到更进一步的加强。

新兴工商团体及其成员之间是一种自发性的结社关系，而且，组织发展"形式化"的过程也与其吸引成员能力的大小密切相关。有些工商业者可能从不加入这些团体；有些团体组织的成员可能在某些时候丧失了原先参与结社活动的兴趣，当离心力量愈大，终于迫使该组织萎缩或瘫痪，只留下少数成员支撑的一个空壳子。

"公同财产"的成立与扩充，与新兴工商团体对其成员所提供的诱因大小，二者互为因果，并且呈现互为加强的现象。"公同财产"的扩充，一方面是团体组织能够提供其成员足够诱因的结果，另一方面也正是维持成员参与以及吸收更多成员的诱因。一旦"公同财产"的经营出现弊端，或是原先吸引成员参与组织的诱因发生变化，这种工商团体便势必要面临组织失败甚或组织死亡的威胁。由于没有任何法律规定工商业者非加入某个"会馆"或是"公所"不可，在这个客观环境的限制下，组织新式工商团体的成败如何，总要靠对结社很有兴趣的部分工商业者自己的努力成绩，努力满足成员的结社诱因，努力使其他工商业者觉得加入这个团体的确对他们有利。

这些工商团体究竟能提供成员哪些结社的诱因呢？在上表68个团体组织里，除了1、2、8、15、17、22、26、62、64、65号等10

个团体没有留下可做直接分析的相关资料外，其余58个都可以从资料中做一些检视的工作。

大概说来，这58个团体组织所提供的诱因可以分为三大类：第一、提供成员宗教情绪上的满足；第二、提供成员互助情怀上的满足；第三、提供成员经济事务上共同利益的满足。第一类与第二类诱因所包括的比较单纯，一是崇祀成员共同敬仰的神祇，一是救助该团体组织的成员。至于第三类诱因所包含的便比较复杂，如提供成员贮藏原料的场所、与中介商展开集体议价的谈判、特许商人的协议禁止非法竞争业者、工商业者协调共同售价或工资、成员联合共同投资置产等等，大体上多与成员各自关心的经济事务有关联。这三大类的诱因，或是一项，或是二项，或是三项同时具备在这58个工商团体组织中。

为了要满足成员对不同结社诱因的需求，工商团体必定要具备一定规模的"公同财产"，否则组织的祀神、救济或经济事务协调等种种功能便无从发挥，成员的结社诱因便无法被满足，组织便难以继续存在。

这些新兴工商业团体所拥有的"公同财产"通常有哪些呢？除了象征组织"形式化"第一步成功的基本建筑物之外，还可能拥有一块埋葬贫苦成员的公共墓地（"义冢"），或是再继续购买一些可以保值以及收取房租的建筑物，十九世纪末更设置有提供成员子女受基础教育的小学堂（"义塾"）。不过，最普遍的"公同财产"形式，还是设定一笔可以应付组织经常性开销的公共基金。地方官府虽然一直没有正式承认这些新兴工商团体的社团角色，但是对于它们的"公同财产"却是明令保障的。今日苏州城留下的当时的碑文，有相当部分便是为了保障这些工商团体的"公同财产"而颁布刊立的。"公同财产"权的受到明令保障，奠定了新兴工商团体在组织发展上的坚固基础，使得该团体组织的发起人或积极参与者，具备了努力筹划发展该组织以继续吸引其他成员加入的权力基础。

由发起人倡议组织团体并且购建成员的基本建筑物开始，新兴工商团体就已开始在组织发展的道路上准备起步。然而，即使这准备起步的动作——募款，也常常不是旦夕可就的。乾隆三十年（1765年）落成的"钱江会馆"（表2-1，12号），它的建成经过即是：

> 乾隆二十三年始创积金之议，以（商）货之轻重，定撤资之多寡，月计岁会……（《苏州碑刻》，第19页-20页）

这是由一群籍贯在杭州府而长期定居苏州城开设绸缎庄的商人们捐资建成的建筑物，由筹款到落成，从乾隆二十三年到三十年，至少花了七年的时间。建成这栋建筑物可以满足成员们哪些结社欲求呢？碑文上说："公建钱江会馆，为财货公所。外供关帝，内奉文昌"（同上书，第22页），可见它至少满足了前举成员们第一与第三（宗教与经济）两类诱因。道光三年（1823年）落成的"东越会馆"（表2-1，19号），所花费的时间则比较短，只花了两年的时间便筹款有成，顺利购建了自己的建筑物，其落成碑文上说：

> 商贾经营，无不（有）汇集之地，以定章程，（以）广基业，会馆之设，由来久矣。吾行烛业，谊皆同乡，自道光元年十月，整理旧规，各相恪守。所嫌择地维艰，卜居匪易……

（道光）三年秋，修葺工竣。（《苏州碑刻》，第269页）

　　碑文上所说"商贾经营，无不（有）汇集之地"，另又说"为朝夕商酌地"，可见这所由原籍绍兴府烛店商人集资购建的建筑物，至少为成员在经济事务上提供了结社诱因的满足。而另外由皮货商人购建的"裘业公所"（表2-1，57号）则落成在同治十二年（1873年），其建成经过如下：

　　　　从前同业抽捐货厘，草设裘业楚宝堂，轮流办理周恤同业善举。因所捐无几，未及广行。略为施济，薄有盈余，存（钱）庄生息，以期创设公所。（《苏州碑刻》，第210页）

　　可见这是用成员互相救济为号召而集资建成的建筑物，同时可以看到其建成的经费来源亦颇费周折，不仅借助向成员"抽捐货厘"的方式筹款，更以部分公积金"存（钱）庄生息"的方式集资，最后终于拥有了属于自己的基本建筑物。同治七年（1868年）由银楼业者集资建成的"安怀公所"（表2-1，50号），在成员募捐之外，更是事先预借了一笔款项始能落成：

　　　　吾帮银楼，前已向各宝号劝助，（唯）因生意甚微，不能足数，暂会（借）本洋二百元襄成其事。今已隔二载，而会（借）款无从措归，为此仍向各宝号劝助。（《苏州碑刻》，第170页）

　　总结以上四个工商团体基本建筑物建成的经过，可知它们集款的基本来源至少有下列三种：第一，按照成员的营业额抽取同样比率的捐款，此一般称作是"捐货厘"。第二，由富裕而热心的成员"乐捐"，这数目当然要比其他成员"捐厘"比例的金额高。第三，采取"借款"的方式，可能由成员垫借，也可能是向非成员借款而来。乾隆四十二年（1777年）刻成的《全晋会馆应垫捐输碑记》（《苏州碑刻》，第333页），列有该建筑物经费来源名册，即分为"厘头银"（捐厘）；"乐输银"（乐捐）与"应垫银"（借款）三种不同性质的款项。这是一个集三种经费来源于一身的典型例子。

以上三种集资方式，大概便是十八、十九世纪苏州城新兴工商团体购建专属建筑物的基本模式。无论是捐厘、乐捐或是借款而购建的建筑物，基本上都是在发起人诱激起相当工商业者共识，大家共同认识到有筹建一处专属建筑物的需要之后，经过成员们相当程度的共同努力，这才诞生了这样的一处建筑物。于是，自此便在社会上产生了一种特殊性质的"公同财产"，其产权属于出资购建它的一群工商业者所共同拥有。也有少数几个例子，其专属建筑物的落成主要是归功于某一个特定工商业者的独资捐款，即上表36号的"性善公所"。道光十六年（1836年），安徽籍贯的油漆商人吕松年独资购买了一处有十三间屋舍的建筑物，并且将之捐赠出来，作为油漆业"性善公所"的专属建筑物。道光二十九年（1849年），在吕氏身故以后，他的儿子吕一琴特别向官府呈请立碑，强调该所房屋：

> 情愿永为性善（公所）之公产。倘有不肖族丁及外姓匪徒，觊觎滋畔，以及勾串盗卖情事，许即指名禀县，以凭提究，各宜禀遵毋违。（《苏州碑刻》，第148页）

这里看得很清楚，虽由吕氏业者独资购买下的房屋，业主在世时自愿提供团体组织举办活动，但一旦他声明捐赠为油漆业团体组织的"公同财产"之后，这所房屋便永为"公产"，产权归属公同财产权的性质十分明白。这是十八、十九世纪苏州城新兴工商团体共同的特色，也是它们完成组织"形式化"过程的第一大步。

随着工商团体的专属建筑物落成，一个提供成员们"奉祀、办公之处"[①]于焉产生。而为了维持该"奉祀办公之处"的管理修补费用，也为了要继续提供凝聚成员向心力的诱因条件而举办的种种公共活动的必要开支，势必要制定出一种为团体组织筹募经常性基金的规章。组织事务的不断扩充，举凡公有建筑物与地产文书契据的保管收贮，以及公积金征收与支出的经手登账，都需要专门人员来负责经营。于是，一套征收公基金的规章，以及成员互选轮流充任负责经理团体事务的"司事"制度，便因应而生。这便是新兴工商团体完成组织发展"形成化"的第二大步。

公积金的来源，大概可分为向成员征收厘捐以及透过"公同财产"收取租息两方面。在租息收入方面，由于有的工商业团体名下的建筑物很多，像是建成于清初的"潮州会馆"（表2-1，3号），单是乾隆四十九年（1784年）一年的租银收入便有一千四百三十五两之谱[②]。这是一笔很惊人的租息收入，在当时苏州城的其他新兴工商业团体里，这么庞大的公同财产毕竟是较少见的。然而在基本建筑物之外，这些工商团体却时常会出面再多买下一些供做出租收息的建筑物。商人对理财较具独到的眼光，所以除了出租多余建筑物

---

① 《苏州碑刻》，第39页。
② 同上书，232号碑文，《潮州会馆碑记》（乾隆四十九年刻成），第341页–343页。

以收取房租充作公积金之外，有不少团体更将现有的公积金存放在典当铺与钱庄之中，以赚取利息的收入。这些房屋租金以及公积金利息，都使工商团体的公积金获得增加，从而能够便利团体组织推展活动，进而维持并加强成员对组织的向心力。

在成员征收厘捐的规定上，一般的办法是：按月征收固定标准的银钱。有关征收标准的制定，大体上有按照每月营业额总数征收，以及按照各成员资本额大小分级征收这两类。"东越会馆"（表2-1，19号）的规定是："各店捐厘，……按月……对（进货）簿核收"；"七襄公所"（表2-1，32号）则为："各肆酌捐五厘，按月汇交公局"；"梓义公所"（表2-1，42号）为："同行公捐，一应砖瓦石灰木料（等进货），每千捐钱十文"；"裘业公所"（表2-1，57号）是："本城店铺，每两抽三厘，乡店抽二厘，（牙）行家抽一厘"；"石业公所"（表2-1，66号）是："所有常年用款，十七家石作（店）议定，每做一千文生意，提出钱二十文。……按月由各作汇交公所一次"；"坤震公所"（表2-1，68号）是："各店（所）售煤炭，每担提钱两文"；"云章公所"（表2-1，43号）是："（各店）于销货中，按（销货数）每两抽捐银二厘"；"丽泽公局"（表2-1，35号）则为："论铺户交易之巨细，出捐资之多寡"；"浙南公所"（表2-1，48号）为："抽提（各店）货数厘金，以充经费"；"尚始公所"（表2-1，52号）为："各庄各坊于交易内，每千捐钱两文"[1]，以上这十个团体都是采用按照营业额起征公积金的类型。至于依照资本额起征的，则有"钢锯公所"（表2-1，61号）的"各

---

[1] 《苏州碑刻》，分见：第267页；第28页；第122页；第210页；第133页；第23页；第164页；第363页；第82页。

店按（冶铁）炉（座数），每月提钱一百文"，以及"采绳公所"（表2-1，64号）的"各店主按每店（所）用，伙（计）一人，捐钱一百文；学徒一人，捐钱五十文；按名按月计捐"[①]，以上两个例子当中，前者的起征标准是视生产工具的多寡，后者则是看生产劳动力的多寡，基本上都是采取按照资本额起征公积金的类型。

这些工商团体的"公同财产"，无论是产业契据或是公积金，二者不断扩充增加的结果，都需要发展出一套管理公产的制度，才能有效地保护公产并且推展公共活动。一种由工商团体成员选举经理人员的制度乃告形成，这便是"司事制度"。这种管理工作通常都是些义务服务性质浓厚的差事，被团体成员推选充任"司事"工作的人，顶多只是表示自己在团体里颇孚人望，受到成员们信赖而已，算不上得到一个有利可谋的职位。同时，这些团体组织的成立，基本上是成员们共同捐资的成果，而且团体里公积金的来源有很大一部分也是出诸成员们共同的分担。由于上述两项情势，使得这种"司事制度"具有很大的开放性，每位成员基本上都有相当程度的当选机会。当选人一般都被称为"司事""董事"或"司董"，其实际性质都差不多。他们最主要的经常性工作，便是保管团体组织的公产契据，以及登载每月每年的公积金入出账册。就像"东越会馆"的情况："馆内一切及契据，向派同业轮流按年经营"[②]，"潮州会馆"的情况则是："出纳之计，则月有司，年有汇，俱载于笈"[③]，"江镇公所"（表2-1，28号）是："（成员）按年轮流交

---

① 《苏州碑刻》，第156页；第224页。
② 同上书，第272页。
③ 同上书，第338页。

代执管"①。管理文书契据的工作较简单，至于公积金出入账册的工作则比较烦琐，所以通常还会再加入一些辅助的管理人员。就像"圆金公所"（表2-1，27号）所采行的制度："同业各友轮当司年、司月，经理其事"②，除了"司年"之外，在一年当中，还有许多的"司月"被选举出来协理这些维持团体组织运作的工作。无论是"司年""司月"，甚至是三月一任的"司季"③，这些不同的管理人员，基本上都是以一年为任期，经过团体成员共同选举出来的管理团体事务的人员，所以本文称其为"司事制度"。这便是新兴工商团体最常采用的一种典型的管理制度。

随着组织运作日益步入正轨，原先开放性很大的"司事"选举亦可能会发生变化。这或许有两个原因：一是成员彼此的富裕程度互异。由于公积金的起征无论是采用营业额总数或是资本额分级的标准，富裕成员所纳的公积金都要比不富裕的成员为多；尽的义务多，便会在团体组织里拥有较多的发言权与较大的决策权。只要有意愿，这些富裕成员出任"司事"的机会自然会比别的成员大。第二个原因则可能是由于社会里长期存在着这种工商团体，无论法律上承不承认它们在"公同财产"权以外的"法人"地位，这些团体组织必然都会在社会结构里产生一定程度的支配力量，这终将对该团体管理人员社会地位的提升或是利权机会的增加有所裨益，自然会吸引部分成员对"司事"一职的兴趣。由于以上两个原因的交互影响，可以看到有些工商团体内部也产生了阶层分化的现象，如

---

① 《苏州碑刻》，第295页。
② 同上书，第172页。
③ 同上书，第97页。

"丽泽公局"里出现有"大行""中行""小行"的名称①，"梓义公所"里也有"大行""小行"之别②。这种名称差别的出现也反映了相应的影响效果，如"圆金公所"里，其"司事"职务的选举方式已经是：

> 由同业大行各友，轮当司年、司月，经理其事。（《苏州碑刻》，第177页）

在"绚章公所"里也有所谓的"董事四大作"，其成员"所捐钱文，均交……四大作收存"③。无论是"大行"，或是"四大作"，它们在该团体组织中的特殊地位都是可以肯定的。而这种特殊地位的产生，相信是与它们所缴纳的高比例公积金息息相关。所尽义务较多，所享权利自然较大，这是组织发展上自然演变的结果。

"公同财产"的管理、公积金的征收与支出，以及司事人员的选举，再加上一些有关共同活动成文规则的制定，这便成为这些新兴工商团体组织规章最主要的内容。这类组织规章的制定以及顺利运作，使得工商团体迈入组织发展"形式化"的第二大步，这也是工商团体为求凝聚成员向心力以及继续吸引新成员加入的必要手段。

关于这些新兴工商团体成员的身份为何？第一个可以提供的答案便是：它们的基本成员通常都是一群商人或是作坊店主，也就是一群"老板"们，这是构成这些工商团体成员的基干。至于

---

① 《苏州碑刻》，第172页。
② 同上书，第130页。
③ 同上书，第103页；第102页。

在这些老板成员店里工作的伙计（通常称作"伙友"），则是这些团体组织的外围成员。老板成员是团体组织的决策阶层，伙友成员则是可以参加决策阶层所举办团体活动的参与阶层。这种情形的产生，当然又是与工商团体的"公同财产"有密切关系。无论是购建建筑物，或是捐助团体组织的公积金，资财较雄厚的老板自然要比佣工受薪的伙友更能有所贡献，决策阶层与参与阶层分属于老板与伙友两类人物，自是理所当然的结果。这是一般的情形，不过似乎也有一些例外的情况。例如表2-1，36号的"性善公所"，这是一个属于漆作业者的工商团体，在道光十七年（1837年）刻成的一份捐款名单上，列名的"承办经手"有37名，伙友则有522名；"承办经手"们至少各出500文钱，伙友们则各出350文钱[1]。依此算来，前者只出了9.2%的经费，后者则出了90.8%。如果"承办经手"是各伙友的老板的话，则此便是个伙友成员捐款竟比老板成员为多的特例。没有资料记载这个团体组织的公积金征收规章，所以不清楚是否也是依此比例分由老板与伙友缴纳。如果答案是肯定的话，这个团体组织的决策阶层应该会是漆业的伙友，而非老板。然而，无论如何，这都是一个较不寻常的例子。"崇礼堂公所"（表2-1，67号）的公积金来源也包括了伙友："在伙友薪水项下，每千提出钱二十文，以备善举之用"[2]，这个例子可以看到，老板甚至将伙友的薪水直接扣缴到团体的公积金去。相反，在"采绳公所"的公积金征收规章里便强调："捐

---

① 《苏州碑刻》，第142页–146页。
② 同上书，第176页。

钱仍出店主，不派伙徒，以示体恤"[1]，这很可能是防止老板变相剥夺伙友薪资的预防措施。基本上，由于新兴工商团体在"公同财产"上的特性，使得这类团体通常都要靠比较有财力的成员才支撑得起来，这便决定了团体决策成员在身份上是以老板为骨干的组织属性。伙友通常都只是团体活动的外围参与者而已，对于团体组织的决策是不太有发言权的。老板成员可以试图利用这种团体活动去缓和与伙友之间可能成形的劳资冲突，这也是许多工商团体常举办救济活动的一个重要原因。

至于老板们又是以何种身份来发生结社关系呢？由上表68个团体看来，"同业性"是其成员最根本的身份属性。所谓的"同业性"，不见得一定是指同一种行业的所有从业人员皆是团体成员，它指涉的是：成员以共同从事某种或某数种行业为组织的身份属性。"同业"有广狭不同的指涉，不必然是特定一种行业。同属某一种或数种行业的老板，基于共同兴趣或利益而产生结社关系，组成了以"公同财产"为基础的团体组织，这是十八、十九世纪苏州城新兴工商团体最基本的组织属性。

在"同业性"之外，"同乡性"也常是这些工商团体成员一个重要的身份属性。"同乡性"这个身份属性，无论对取名"会馆"或是"公所"的工商团体组织而言，都有相当程度的适用性。当有兴趣结社的工商业者发起结社运动时，为了快些达到筹款的目标，诉诸种种不同的有效结社吸引力，自然是可以理解的。自十六世纪以来，苏州城一直便是一个全国性的工商业城市，自然吸引了许多外

---

[1] 《苏州碑刻》，第224页。

地来的商贾与谋生者。而在我国传统社会里，由于种种特殊的文化因素，"乡贯观念"早在十六世纪之前便已根植于国人心中[①]。这种"乡贯观念"使得同乡人民在异地相逢时，总特别使他们产生一种亲切感与休戚与共的情愫。结社发起人以"同乡性"号召同乡的工商业者捐助金钱，以使团体组织能够加速成立，这是新兴工商团体成员身份常常同时带有同乡关系的重要理由。

但要同时注意的是，在组织发展的过程中，自始至终，同乡关系的身份属性顶多都只是辅助性的结社因素，"同乡性"只是新兴工商团体成员身份属性的充分关系，而非必要关系。成员结社的身份属性，绝不只是因为他们是同乡关系而已，不是所有不同职业的同乡都能参与结社，更重要的基本身份属性是：成员是同一种或同数种行业的工商业者。

当部分工商业者对结社有兴趣，发起募款准备购建公有建筑物时，他们可能会以宗教情绪、互助心理或是经济上的共同利害关系来打动其他工商业者，诱劝其慷慨解囊共襄盛举。当发起人觉得不需要大费周章地从同一种行业的所有工商业者身上筹到足够经费时，他们便先从同乡关系上动脑筋，果然光靠同行业中的同乡工商业者，便使建筑物经费圆满凑足，于是建筑物落成，一个"同业同乡"的工商团体形成。而当发起人用"同乡性"做要求也无法在同行工商业者身上筹到足够的金钱时，有的便向更多种类的其他行业的同乡募款，一个"同乡不同业"的工商团体便顺利地诞生。当发起人觉得不需要依

[①] 乡贯观念的形成，可以参阅：何炳棣，《中国会馆史论》，第1页-9页。何先生提出了三点原因：第一，儒家孝道的礼俗与法律的影响；第二，传统官吏任用法律中有关籍贯限制条文的影响；第三，科举制度里分区考试与按区定额录取办法的影响。

赖同乡关系做诉求也可以不大费周章地在同行的工商业者身上筹足经费，一旦该专属建筑物落成，一个"同业不同乡"的工商团体便又产生。所以，分析新兴工商团体成员的身份属性，便有"同业不同乡""同乡不同业"以及"同业同乡"三种可能。

基本上，"同乡性"是为辅助"同业性"诉求的不足而产生的。诉诸"同乡性"来吸引工商业者捐款，只能满足成员在宗教情绪（祭祀乡土神）或是互助心理（救助同乡）上的满足；诉诸"同业性"，则除了也可达到上述两种效果以外，更因为成员在经济事务上的共同利害较迫切相关，使得成员的结社动机更为稳固与强化。在这样一种不同结社动机的背景之下，纯依"同乡性"而组成的工商团体，其用以招募成员、维系成员向心力的可动员诱因，势必远逊于依"同业性"做凝聚成员结社行为的力量。而且，就长期观点看，"同业性"工商团体在组织朝"形式化"做更进一步发展的可能性，要远比"同乡性"工商团体大得多。在这种情势之下，"同业同乡"与"同业不同乡"的工商团体，都比较有可能在组织"形式化"过程里，得到更进一步的发展，这是"同乡不同业"工商团体所难以比拟的。

一个可能的推测是：在十六世纪苏州城新式工商团体逐渐兴起时，由于同行业工商业者的结社需要还没有太普遍，少数发起人便先以同业中的同乡关系做号召，以组成同业性的工商团体；当同乡同业的力量不够时，便再考虑收纳更多种类行业的同乡作成员，合力购建一处属于自己的建筑物，踏出了团体组织"形式化"发展的第一大步。随着市场经济的更加发达，以及社会上工商业者结社风气的普及等等因素的鼓动，工商业者的结社需求日益增大，少数对结社有积极兴趣的发起人，不必再过于强调同乡关系，便能达成合资结社的目标，单凭诉诸更纯粹"同业性"的手段，便能顺利地组成"同业不同乡"的工商团体，不但有能力购买、建造专属建筑物，更有成员向心力的支持，以制定出一套组织运作的制度规章，使得这种"同业不同乡"的工商团体，更朝组织"形式化"发展的路途上大步迈进。而在原先"同乡不同业"那种工商团体建筑物里，组织的"形式化"过程，可能在同乡的多种行业成员里分别做更进一步的发展。嘉庆元年（1796年）《重修江西会馆乐输芳名碑》中，这些出钱重修"江西会馆"（表2-1，6号）的捐款同乡，除了有使用他们家乡所在地的名称捐款之外，而且还列有："麻货众商、炭货众商、磁器众商、烟箱帮众商、漆货众商、饼行众商、花笺纸众商"等完全不写详细乡贯的捐款名称。而在道光十年（1830年）的《重修三山会馆襄助姓名碑》上，所有同乡工商业者捐款更只分为"洋帮""干果帮""青果帮""丝帮""花帮""紫竹帮"等六类名称①，连详细乡贯都已看不到了。由交纳捐款的名称看来，这种"同乡不同业"的工商团体，其组织"形式化"的进一步发展，应当还是依"同业性"身份属性这条脉络在进行的。虽然各行业的工商业者，都可以在同一栋建筑物里使用现有设备，但作为一个团体组织而言，"同业性"才是凝聚团体成员的力量，这是"同乡不同业"工商团体自然的演变结果。

道光三十年（1850年），一所创建在乾隆初年的"武林杭线会馆"（表2-1，9号），甚至发生了组织分裂，该团体组织原先由绸

---

① 《苏州碑刻》，第346页；第352页-354页。

缎业、金箔业以及丝线业三个不同行业的杭州府籍工商业者组成，由于原先共同出资购建建筑物的成员彼此之间的结社关系破裂，或许因为利权分配的争执，使得绸缎与金箔两业退出该建筑物，自立门户[①]。这样，该"同乡不同业"团体便完全转化成了"同业同乡"的团体，一直到光绪二十三年（1897年），其他不同乡贯的丝线业者被吸纳进入该团体[②]，于是"同业同乡"又变成了"同业不同乡"的工商团体。至于原本是"同业同乡"的工商团体，或许也像"武林杭州线会馆"在光绪二十三年的演变情况，由"同业同乡"变成了"同业不同乡"的团体；但也可能因为始终没有扩大成员"同乡性"身份属性的需要，而始终维持着"同业同乡"的身份属性，如常州府乡贯面馆业成员合组的"面业公所"（表2-1，22号）、浙江籍粗纸箬业的"浙南公所"（表2-1，48号）、常州府猪商的"毗陵会馆"（表2-1，17号）、山西籍钱业商人的"全晋会馆"、杭州府绸缎商人的"钱江会馆"等例子便是如此。

所以，大体上说来，自十六世纪后逐渐出现的苏州城新兴工商业团体，在其成员的身份属性里，"同乡性"的日益无关紧要与"同业性"的日渐突显，应是一个长期存在的趋势。以本文研究的主题——十八、十九世纪的新兴工商团体而言，"同业性"的确是这些团体成员的基本身份属性，"同乡性"则一直不过是一项补强凝聚成员对团体向心力的辅助性力量而已。而且，正如本书上章所分析的，"会馆"与"公所"实在难以做硬性区分，"同乡性"身份属性愈趋淡薄的长期趋势，并不必然反映在取名"公所"的工商团体越来

---

① 《苏州碑刻》，第222页。
② 同上注。

多的命名差异上。

　　总结本节的讨论：由碑文资料看来，十八、十九世纪的新兴工商团体，其组织发展过程可以分成购建专用建筑物，以及制定组织章程的两大阶段，这可以说是新兴工商团体在组织发展"形式化"过程中的两大阶段。

　　在组织发展"形式化"的两大阶段里，总是先由少数一些对结社有兴趣的工商业者做筹款发起人，他们诉诸同业间祀神、互助或是协调经济利益等结社诱因，作为动员其他工商业者响应结社号召的游说手段。当工商业者的结社诱因被有效激发之后，少数发起人终于募款有成，顺利购建了一处由成员共同拥有的专属建筑物，然后透过地方官府对此项专属建筑物在"公同财产"权上的注册手续（"立案"），新兴工商团体乃告正式诞生，这即是其组织发展"形式化"第一大阶段的完成。

　　此后，随着成员在"公同财产"中支出的维修需要，以及举办团体活动以维系成员凝聚力的经费开销，一套征收经常性会费的办法，乃经成员协议而被制订出来；同时，为了催征与经管这些经常性会费，一套在成员间选举管理人员的办法亦告形成。于是，随着征收会费与选举管理人员两套组织章程的制定完成，种种团体活动从而顺利开展，新式工商团体乃在组织发展上更上一层楼，完成其"形式化"过程的第二大阶段。

　　在新兴工商团体组织发展过程中，老板级成员是团体的决策阶层，伙友级成员只是活动的参与阶层。在团体成员的身份属性上，"同业性"一直是根本的成分，"同乡性"不过是辅助的成分，时代愈往下，"同乡性"便愈益成为边缘性的身份属性。

第二节　组织发展的原因

分析苏州城新兴工商团体组织发展的原因，可以从团体成员的结社动机，以及团体组织的形成背景两个层面分作考察。根据上节对于新兴工商团体在组织发展过程上的讨论，可知这是一种基于成员自愿参与而形成的团体组织，成员的自由意志是团体组织诞生的基础。分析团体成员产生结社动机的缘由，便可以对此类工商团体的发展原因有所理解。然而，一种社会组织所以能够顺利诞生，不仅奠基于成员的自由意志，它也得利于当时社会结构的客观条件。一个不妨碍或且有保障作用的社会结构，是新兴工商团体顺利诞生的客观条件。本节即依成员的结社动机，以及团体组织的形成条件两个层面，对新兴工商团体在组织发展上能够顺利进行的种种原因，试提出一些分析。

一

新兴工商团体成员的结社动机，大体不出宗教情绪、互助兴趣以及经济利益这三个范畴。就宗教情绪而言，工商业者基于对相同神祇的崇敬情绪，经由合力出钱办理祀神祈福的共同活动，激起了成员的结社动机。在互助兴趣方面，工商业者由于在社会地位上长期受到自我认同的心理影响，对于彼此的生活状况产生患难相怜的互助兴趣，通过共同出资合办救济事业的共同活动，产生了成员的结社动机。至于在经济利益方面，由于工商业者在经营活动上有时会遭逢共同利害，当他们在趋利避害的行动上产生了共同的利益焦点时，成员的结社动机乃告形成。

在上表所列68个工商团体里，团体所奉祀神祇较清楚表现在资料上的，约有28个。从神祇的性质来分类，可以分成乡土神、祖师神以及财神三类。苏州城是个外地工商业者众多的大都市，当十六世纪新兴工商团体在此地诞生以后，许多同乡的工商同业共同组成了团体。嘉庆十八年（1813年）《嘉庆会馆碑记》说：

> 姑苏为东南一大都会，五方商贾，辐辏云集……各省郡邑贸易于斯者，莫不建立会馆，恭祀明神，使同乡之人，聚集有地，共沐神恩……神听和平，降福孔皆，（使）数千里水陆平安、生意川流不息。（《苏州碑刻》，第350页）

所谓的"共沐神恩"，对工商业者而言，最主要的便是希望在运送商品进出苏州城时，能够"数千里水陆平安"，以及在苏州城开店设肆买卖商品之际，也能够"生意川流不息"。同乡的工商同业选择了他们比较熟悉而认定灵验的家乡神祇作为崇祀对象，这是一种自然的选择。如"三山会馆"（表2-1，1号）的"天上圣母"、"江西会馆"（表2-1，6号）的"许真君"以及"浙南公所"（表2-1，48号）的"天曹福主"等，应该都是乡土神。当十八、十九世纪大批新兴工商团体成立时，在发起人招募成员的种种号召手段里，已不太需要借助于同乡关系的辅助便可轻易募集到必需的款项。这时成立的工商团体，其崇祀的神祇便已超出了"乡土神"（或称"行神"）的范畴，加入了种种不同的"祖师神"作为崇祀的对象。

"各行各业的人们（工商业者），根据自己利害关系的一致性和职业风貌的独特性，推选出他们可以信赖的某一个或数个人或神，作为本行业的守护神，俗常便称之为'祖师爷'"，这是任骋"祖师爷"（亦即"祖师神"）的定义[①]。其实，工商业者所以选择"祖师神"的原因，除了"共沐神恩"以使"生意川流不息"的心理动机之外，还有一种强烈的"报恩"心理在内。同业工商业者对于曾经对本行业有过巨大贡献的前辈业者，给予一种仪式上的崇敬，这种报恩心理是"祖师神"产生的一项重要因素。如"东越会馆"（表2-1，19号）供奉有"先董神位"、"锦文公所"（表2-1，49号）所奉祀的"顾儒"以及"安仁公所"（表2-1，63号）的"朱子樵"[②]，这些都是崇祀对本行业有贡献人物的例子，至于其他如"成衣公所"（表2-1，23号）与"采绳公所"（表2-1，64号）共同选择做其祖师神的"轩辕"（即黄帝）、"云锦公所"（表2-1，51号）的"黄帝元妃"、"掌礼通业公所"（表2-1，33号）的"周公"与"叔孙通"、"小木公所"（表2-1，29号）的"鲁班"、"圆金公所"（表2-1，27号）的"葛大真人"、"江镇公所"（表2-1，28号）的"罗真人"[③]，这些人物到底对苏州城当时的该业工商业者有过多大的实质贡献，虽然令人颇为怀疑，且多少带有一些比附的神话色彩，但至少在工商业者的心理上，他们宁愿相信这些"祖师神"对自己这行业的恩惠，这除了广义的报恩心理之外，可能也有攀附著名历史人物以抬高本职业社会地位的心理动机在内。透过定期向"祖师神"崇敬祈福的活动做号召，可以成为吸引成员结社的一项重要诱因。

---

① 任骋编，《七十二行祖师爷》，第1页。
② 分见《苏州碑刻》，第275页；第39页；第226页。
③ 分见《苏州碑刻》，第225页；第224页；第35页；第360页；第135页；第163页；第294页。

除了乡土神与祖师神之外，成为工商业者崇祀对象的还有"财神"一类神祇。工商业者以财神为供奉神祇，当然是自然不过的选择，能够庇佑货物畅销与顾客盈门的神祇，怎么能不吸引工商业者崇祀？尤其是在苏州这样一个商业发达的大城市里，财神信仰同时也是许多居民在宗教行为上的一项重要特色。在一本道光十年（1830年）出版，专门记述苏州城岁时风俗的书籍《清嘉录》里，就有"摸摸春牛脚，赚钱赚得着""云何年初五，相传路头至，神或临其室，获利亿万计""好事者，供小财神，大不逾尺"等记述，这反映十九世纪前期苏州城居民财神信仰风貌的一斑①。工商业者对于财神的供祀更要感受贴切些，乾隆二十七年（1762年），来自常州府的猪商建立了"毗陵会馆"（也称"毗陵公墅"，表2-1，13号），他们在创建碑文上写着："所造公房，内立财神，供奉香火，名曰毗陵公墅"②，这种借共同祭祀财神以祈求成员大发利市的结社号召，自然也可以发挥作用，有利于工商团体的成立。另外如"岭南会馆"（表2-1，2号）、"武林杭线会馆"（表2-1，9号）、"金华会馆"（表2-1，10号）、"陕西会馆"（表2-1，11号）、"永宁公所"（表2-1，26号）、"三义公所"（表2-1，41号）等团体，它们都以关羽（"关夫子""关帝""关圣""武圣""关圣帝君"）为崇祀的共同对象。虽然在民间有关"财神"的传说中，常以比干与赵公明分别代表"文财神"与"武财神"③，二者是民间一般常见到的财神。但是，关羽这位在民间社会里以义气闻名的历

---

① 顾禄，《清嘉录》，分见：卷一第1页上；卷一第9页下；卷八第1页下。
② 《苏州碑刻》，第250页。
③ 任骋编，《七十二行祖师爷》，第18页–24页。

史人物，确实也扮演着工商业者相信其能庇佑自己营利畅旺的财神角色，是一位受到许多工商业者虔诚崇信的神祇。除了因为工商业者相信"关圣帝君"能够助自己大发利市之外，借着以重然诺、绝不见利忘义而久受民间艳称的一位历史人物为崇祀对象，更可以突显自己童叟无欺的经营形象，这或许也是其中一个重要的因素。

无论是以乡土神、祖师神或财神为崇祀对象，借着对这些工商业者可以信赖的神祇举行共同崇祀的宗教活动为号召，确实是各工商团体发起人得以招募成员进行结社的一项有效手段，是团体组织得以顺利发展的重要因素之一。团体组织共同举办祭祀活动，可以使祀神活动办的更有规模，吸引其他工商业者加入结社。

照顾同业的工商业者，使其稍减生活上种种贫病困厄的煎熬，这种救济同乡、同业的互助关怀，也是吸引工商业者加入工商团体的结社动机。同治十一年（1872年）由蜡笺纸业业者创建的"绚章公所"（表2-1，56号）成立碑文上说：

> 身等朱蜡硾笺纸业帮伙，类多异乡人士。或年老患病，无资医药，无所栖止；或身后棺殓无备，寄厝无地。身等同舟之谊，或关桑梓之情，不忍坐视。……现经公议，筹资……建立绚章公所，并设义冢一处……身等同年，轮流共襄善举。
>
> （《苏州碑刻》，第98页）

照顾同行业者，使年老患病无钱就医以及身故无力买棺安葬的同业，都能顺顺利利地渡过困境解决问题，这是吸引那些自觉有"同舟之谊"（同业），或是有"桑梓之情"（同乡）的业者共同捐钱结成团体的动机。为了"共襄善举"，所以一个新兴工商团体便有了成立的契机。其他像是"永宁公所"（表2-1，26号）、"咏勤公所"（表2-1，31号）、"咸庆公所"（表2-1，34号）、"性善公所"（表2-1，36号）、"明瓦公所"（表2-1，39号）、"三义公所"（表2-1，41号）、"梓义公所"（表2-1，42号）、"云章公所"（表2-1，43号）、"两宜公所"（表2-1，53号）、"浙绍公所"（表2-1，54号）、"裘业公所"（表2-1，57号）、"钢锯公所"（表2-1，61号）、"采绳公所"（表2-1，64号）、"石业公所"（表2-1，66号）这十四个团体组织，在相关的碑文资料里，都可以看到办理善举这项共同活动，可见这种"共襄善举"的互助兴趣，确实是吸引工商业者组织团体的一项重要结社动机。

前节已经分析过新兴工商团体的组织发展过程，可知这类工商团体基本上，原是基于由成员共同捐资的一笔"公同财产"而形成的团体组织。这笔"公同财产"的成立与扩充，不仅是工商业者结社成功的产物，更是支持团体组织举办共同活动以维系旧成员并吸引新成员结社的基础。举办慈善事业，"筹办同业老病孤寡，无力医药殓葬等事"[①]，有时候已不仅仅是单纯的"不忍坐视"的互助情怀，这种慈善活动其实还有缓和同业间贫富分化引致矛盾冲突的功能。较富裕的业者共同救济较贫困的业者，不仅能满足单纯的互助情怀，更具有疏导贫富矛盾的防患未然的实质功效。在同业工商业者中，尽管是老板级的成员，也有破产落魄的可能。但因为老板通常拥有一定规模的资本设备，平日的生活水平总要较伙友成员

---

① 《苏州碑刻》，第214页。

为优，面临生老贫病的危机时，其应付的能力也远为绰余。在新兴
工商团体里，对"公同财产"成立与扩充贡献最多的，是老板级成
员；接受救济照顾最多的，则是伙友级成员。十八、十九世纪苏州
城里，不断有老板与伙友间爆发激烈冲突的事件发生，严重者甚至
形成伙友集体罢工抵制老板的行动，这种罢工行动，当时称作"齐
行"或是"齐行叫歇"，令各业老板与地方官员都很头疼。道光
二十五年（1845年），印书业工人因为和老板之间的利益冲突，爆
发了激烈罢工事件，地方官府在调停双方争议之后，再度刊示警告
的碑文，碑文里也不禁抱怨道："苏郡每以齐行把持，致起讼端，最
为恶习"[1]。在这种劳资冲突的气氛之下，老板们多出一些金钱，
组成新兴工商团体，借着举办救济活动，将店中伙友拉入团体组
织，以实际的互惠行动化解彼此的潜在矛盾，这当然也可以算是一
种权衡经济利益后的理性抉择。这种理性抉择更加强了原有的互助
情怀，成为新兴工商团体成立的主要动力，这是作为此类团体组织
主要决策者——老板成员的一种主要结社动机。

二

经济利益也是新兴工商团体成员的一种结社动机，不过，其所
包含的内容，却较宗教情绪与互助情怀都要复杂得多。

---

[1] 《苏州碑刻》，第95页。"把持"也就是垄断经济利权的意思，这种行为是官府法
    律所明文禁止的，明清两代法律都有"把持行市"的罪刑。《大明律集解附例》
    载："凡买卖诸物，两不和同，而把持行市，专取其利，及……卖物以贱为贵，买
    物以贵为贱者，杖八十"（卷一○，《户律：市廛》，"把持行市"条），清代清
    律亦同（见《大清律例汇辑便览》卷十五，《户律：市廛》）。道光十四年（1834
    年）的一份官府禁令说："百工艺业，首禁把持"（《苏州碑刻》，第81页），这
    是官府处理经济冲突案件时的基本态度。本文第三章将有较详细的讨论。

在上表六十八个团体里，至少有"豆米公所"（表2-1，40号）、"丝业公所"（表2-1，45号）、"猪业公所"（表2-1，60号）、"与正公所"（表2-1，55号）以及"酱业公所"（表2-1，58号）等六个团体组织，由于其行业性质的特殊，形成一种发诸特殊经济利益的结社组织。与其他工商团体比较起来，这六个团体的结社动机比较单纯些，故先由这六个团体讨论起。

这六个团体组织之所以特殊，是因为它们的行业都属于"特许商"的性质，它们都必须获得官府颁发的特殊营业执照，才能开张营业。前五个都由"牙行"商人所组成，最后一个则为"官酱店"业主所组成。官酱店主负有每年替特许盐商承销一定数额食盐的契约责任[①]，牙行商则要辅助官府进行评定物价、监督商人纳税以及协助管制特殊商品等行政任务[②]。政府对于牙行商人的管理，至少自十八世纪前期开始，便已经形成了一整套利用与控制的正式制度[③]。《户部则例》上规定："各省牙帖，著有定额，由布政司钤印颁发"[④]。乾隆年间，苏州城的牙行定额是2435家；嘉道年间则为2555

---

① 同治十二年（1873年），"酱业公所"成立，在创立碑文上，业者抱怨道："窃坊等酱坊一业，……均经请照请烙在案。上年因酱货不销，凡有所定额盐，不能按缸秤领。坊等推原其故，悉由官酱店过多，漫无稽查，往往借牌营私，偷造酱货"（《苏州碑刻》，第260页）。成员抱怨非法业者"偷造酱货"，使得自己店铺的"酱货不销"，连带使每年"所定额盐"无法照数承购，可知此中业者与政府之间的承包契约关系。
② 参见：吴奇衍，《清代前期牙行制试述》，载《清史论丛》第六辑。所据出自第35页与第40页-41页。
③ 吴奇衍将"牙行制度"的基本内容归纳为七大项，分别是：关于承充牙行的条件和手续、对各地牙行数额的规定、开于各种商品行业牙行名色的设置与调整、禁止滥发牙帖与定期清查换帖的规定、划定牙行等规则、禁止牙行对商民的刁难勒索以及禁止牙行之间过分的营业竞争等七项。见上引文，第28页-33页。
④ 《户部则例》，42/25上，第3065页。

家[1]。其分布的行业种类很广，不过在苏州城这68个工商团体里，只看到由豆米牙行、酒牙行、丝牙行、猪牙行以及木材牙行这五种行业的团体组织。无论是牙行或是官酱店所组成的新兴工商团体，其成员结社的经济动机，正如"醴源公所"创建碑文上所说的：

> 身等领帖开设酒行，代客销售。因被无帖私牙领卖短减，是以议买……房屋一所，以作整规公所。（《苏州碑刻》，第258页）

禁止"无帖私牙"这类非法的商业竞争对手，是其成员共同结社的经济动机，这也是这些团体在组织成立碑文上都不讳言的结社动机。"限制自由竞争"，这当然是这些团体组织成立的主要动机，其成员也并不隐藏这项动机。不过，这是因为他们行业的特殊性使然，因为这本来就是一种特许行业，不是任何业者可以随时随意加入市场进行竞争的。然而，地方官府通常并不认真维护这批特许商人的经济权益。虽然合法的"领帖"业者年年要向官府缴纳一定的执照费（"帖税"），但由于地方官有"除经本县投认帖外，其余（牙行）念系穷民，未忍苛察"[2]的心态，不愿对非法业者的营业全力堵绝，更加上领帖业者间彼此激烈的商业竞争，部分特许商只好重申自己的权益，以限制非法业者竞争来号召其他合法特许业者加入结社。然而，同治十三年（1874年）成立的"猪业公所"，其

---

① 《光绪苏州府志》卷十七，第439页。同书同页并引《乾隆苏州府志》谓："（苏州府牙帖）向无额数，乾隆元年始奉上谕定额报部"。可知自乾隆元年（1736年），苏州城的牙行开始有了定额的规定。

② 黄六鸿，《福惠全书》，8/15上。

结社动机便充分表现了限制商业竞争以外的另一个面向：

> （职等五家牙行）领帖开张猪行……每逢猪客到行销售，
> 均须住宿职等行内，脱货方归。（然而）屋窄客多，无从设
> 榻，更替而睡；或因住宿无处，逐致货售他行，因此生意清
> 淡。……（乃）公置……房屋一所，专为买卖为猪客之处。
> （《苏州碑刻》，第254页）

这个"猪业公所"的成立，根本原因便是五家同业者放弃了限制其他商业竞争者的努力，改采共同投资资本设备，添购"猪客暂宿之处"，希冀以改变"因（猪客）住宿无处，逐致货售他行，因此生意清淡"的竞争劣势。合法的猪牙业者不会仅有此五家，这个"猪业公所"主要已经不是"限制竞争"动机下的团体组织，而是部分业者共同投资以便在同业经济竞争中脱颖而出的一个竞争团体。

综合上述六个特许商组成的工商团体，可以看到两类截然不同的经济结社动机：一类是为限制全体同业工商业者之间的经济竞争，即所谓的"遇有无帖擅行夺卖之人……立即邀众驱逐"[①]之类；另一类则是为了便于在与其他同业工商业者进行经济竞争时获得有利地位，创试图结社以挽回"货售他行，因此生意清淡"局面之类。

在这些特许商组成的团体组织之外，另有一些由具有批发商性质的行业所组成的团体组织。这类行业的笼统名称便是"行商"，用以与"坐贾"相对举。在苏州城这种全国性的商业城市中，广大

---

① 《苏州碑刻》，第15页。

的市场吸引了来自全国各地的批发商人，他们在此积极运送各类商品，或是直接提供苏州地区民众的消费商品，或是以苏州为商品的集散转运站。由于苏州以丝织、棉布、造纸等手工制造业驰名全国，至此批发商品的采买商人纷至沓来。这些来往全国各地并在苏州城时常进出的批发商人，形成了所谓的"行商"，不同于常驻苏州城开设永久店肆的"坐贾"。虽然批发商也会因为采购或发卖的便利，在资本累积到相当规模之后，逐渐在苏州城开立常设性店铺，以提高市场上的竞争效率，并借以减少中间商的剥削。然而，这种由"行商"向"坐贾"转化的过程毕竟是需要长时间的。尤其因为清政府在牙行制度上的法规日渐完备，牙行业者的合法地位必定也或多或少地延缓了这种商业营运组织的转化过程。

在"行商"向"坐贾"转化之前，这种从事批发业务的各业商贩，由于在运送商品的旅程中，时常面对着共同的风险，因而慢慢形成了种种"商帮"的团体，在旅途中互相照顾并且集体应付突发的风险。《清稗类钞》记载：

> 客商之携货远行者，咸以同乡或同业之关系，结成团体，俗称客帮。有京帮、津帮、陕帮、山东帮、山西帮、宁帮、绍帮、广帮、川帮等称[①]。

当各业商帮到达某个商业城镇时，他们总还得解决贮货与寻觅主顾的商业问题。牙行在此时便发挥了中间人的功能，他们不仅为

---

① 《清稗类钞》17册，《农商类》"客帮"条，第42页。

客商安排寄宿与贮货场所，也担任介绍买主或卖主的中介功能。对当地商业城镇的土著居民说来，这些外地来做生意的行商或商帮，都被称作是"客商"。关于旅途上食宿、交通、运输等问题以及定点城镇上贮存与买卖商品等问题，十八世纪流行的一些教导商人如何经商的书籍里，时常可以看到有关如何应付所谓"车船店脚牙"五类人物的内容[①]，这体现了客商在经济事务上所遇到的一些基本问题。

客商为应付"车船店脚牙"这些行业，使自己在商业上的获利达到最大化，这种需求进一步加强了商帮结社的经济动机。商帮可以通过集资建购贮货场所，以及与牙行、运输业者展开集体议价这些共同行动，保障并追求彼此的经济利益，这便成为新兴工商团体重要的结社契机。这种工商团体的建立，特别使得商帮在与苏州城各业牙行的经济交涉事务上，获得较昔日更为有利的地位。一本十六世纪流行的商人手册——《商程一览》上，警告各业客商在与牙行交易时，总该记得："市价须访，恐遭牙行诓诱。阊门市上，人杂剪柳，宜防"[②]。"阊门"是苏州城西北边的城门，直至十九世纪，阊门近郊一直是苏州商业最繁华的地区。十六世纪以降，各业商帮建立起来的许多新式工商团体，很多都命名为某某"会馆"。在今日苏州城所留下可考知的48处工商业"会馆"团体建筑物，至少有23处是建立在阊门近郊。十六到十九世纪之间，大批商帮与牙行业者聚集在阊门附近从事交易，

<hr>

① 鞠清远，《清开关前后的三部商人著作》，收入包遵彭等编《中国近代史论丛》二辑二册，第205页-244页。
② 陶承庆，《商程一览》，卷下，第30页下。

各业商帮为了提升自己与牙行讨价还价的能力，便产生了结社动机，组成了新兴工商业团体。

《清嘉录》的作者顾禄，他是十九世纪前期居住在苏州城的一位学者，他对当地工商团体"会馆"的描述是：

> 吴城五方杂处，人烟稠密，贸易之盛，甲于天下。他省商贾，各建关帝祠于城西，为主客公议规条之所，栋宇壮丽，号为会馆。[1]

"主客公议规条之所"是顾禄对"会馆"的理解，"主"指的是本地牙行，"客"则是指外地商帮。"公议规条"的主要内容，包括商品时价的制定、牙行抽取佣金的比率以及官定度量衡器的设置等等。乾隆四十六年（1781年）成立的"江鲁公所"（表2-1，24号），其成员的结社动机在下引碑文中叙述得很明白：

> 江鲁公所，系衮、徐、淮、阳、苏五府属（鱼商）商客捐资创建，取名"江鲁"。……公制砝码准秤，存储公所。每逢朔望，行客会同较准，使牙行不能取巧，客商亦不致受亏。（《苏州碑刻》，第289页–290页）

其实不仅仅体现在较准"砝码准秤"这一个方面，所谓的"使牙行不能取巧，客亦不致受亏"包括的内容还有更多。客商与牙行

---

[1] 《清嘉录》，5/7下，"关帝生日"条。

间的利益冲突是多方面的，同治十年（1871年），木牙组成的"巽正公所"，其成员要求官府出公文帮忙，要求"环乞给示，晓谕各（木）商，运木至苏，一律投（牙）行销售，不准对客自卖"[①]，这当然是对由木材商人合组的"大兴会馆"（表2-1，4号）的一项严重挑战。姑且不论官府究竟会不会支持木牙商团体的要求，但至少可以在这件事情上看到客商与牙行之间的利益冲突，从而理解到何以商帮要组成团体组织的经济动机。"使牙行不能取巧，客商亦不致受亏"，这句话简洁地道出了这类由批发商合组的新兴团体成员的结社动机。

除开上述两类分由特许商与批发商成员合组的团体组织以外，这68个团体组织里，还有许多由手工制造业成员所组成的工商团体。这些不同行业的手工制造业团体，又可依各自销售市场的广狭，分出两类不同的经济结社动机。因为市场的广狭不同，两类团体成员的结社动机也迥然不同。

丝绸织造业、棉布加工业以及纸张加工业，这些制造业是属于市场较广的一类行业。这些行业所面临的主要经济问题，不是市场太狭小，而是劳资关系的紧张。为了有效解决劳资关系紧张的困扰，使得资方在筹思对付劳方抗争的问题上，产生了共同的经济利益，形成了结社动机。与棉布业有关的"新安会馆"（表2-1，15号）、与丝织业有关的"云锦公所"（表2-1，51号），以及与纸张加工业有关的"仙翁会馆"（表2-1，17号），这些团体，或是通过

---

① 《苏州碑刻》，第125页。

协定工资的手段，以与劳方团体相抗衡①；或是兼办救济事业以照顾劳工并且纾解对立危机，这些不同的集体行动都加强了资方的经济性结社动机，对新兴工商团体的组织发展有重大影响。

至少在十八世纪中期之前，苏州城的丝织与棉布两项手工制造业，便已形成有一种类似于"散做生产制度"（putting-out system）的生产方式：由商人预先垫付生产原料与工资给予小生产者，再由小生产者将制成品交回垫付资本的商人。这些垫付资本的商人可算是一种"包买商人"。在苏州城这类生产模式中，丝织业的包买商人一般称为"机户"或"账房"②，棉布加工业中则称为"字

---

① 劳工团体在十八世纪已然很兴盛，只是多带有秘密的性质，其详细内容，不易为人所了解。专门讨论此类劳团体的文章，近年有胡铁文《试论行帮》一文可供参考，［载《文史哲》1984：1（1984，1）第40页–47页］。而刘石吉先生有一个题为"十六至二十世纪初期中国城镇工人抗议运动的形态"的一系列研究作品，即将陆续刊载。1986年，刘氏发表《一九二四年上海徽帮墨匠罢工风潮：近代中国城市手艺工人集体行动之分析》（载《近代中国区域史研讨会论文集》上册，第411页–429页），也可供参阅。

② "机户"并不是丝织业包买商人的专称。在苏州城，"机户"可包含三个意义：一为缺乏资本的技术工人，一为略具资本的手工作坊老板，最后则为本文所指之包买商（见刘永成《试论清代苏州手工业行会》，载《历史研究》1959：11，第42页）。而无论是技术工人或是作坊老板，都有可能成为包买商资本支配下的劳动单位。这类丝织业包买商也在同时代其他以丝织业闻名的都市里出现，如南京的"账房"以及杭州的"料房"（分见：陈作霖，《凤麓小志》卷三，"记机业"条；道光二十五年《杭州奉宪永禁碑》，收入郑天挺编《明清史资料》下册，第236页）。这类生产方式，正如《凤麓小志》所载之情形："开机之家，总会计处，谓之账房。机户领织，谓之代料。织成送缎，主人校其良桔，谓之雠货"（卷三）；《清稗类钞》记载："由号家散放丝织给予机户，按绸匹计工资"（44/88），也是此种生产方式的描述。在道光十三年（1833年）成书的《吴门表隐》里，苏州城这些丝绸包买商，也以"账房"的名称首次出现在文献上。段本洛也同意，这种"账房"包买商，是早自康熙年间（1662—1722）即已出现在苏州城（见氏著《苏州手工业史》，第37页）。而有关十八、十九世纪"账房"的问题，在《中国资本主义发展史卷一：中国资本主义的萌芽》一书的第四章第四节有专门的讨论，并附有生产方式关系图一张（图4-15，第484页）。最近，还有王翔《论苏州丝织业"账房"产生的原因》一文（载《中国史研究》1988：4），甚可参考。

号"①。在这种生产方式下，小生产者不必共同处在一固定的生产场所，但其劳动力则是在一个包买商人的资本支配之下，双方形成一种不具工厂形式的劳资关系。由于十八、十九世纪苏州城的丝织与棉布生产都有很广大的行销市场，因而在这种散做制生产方式之下，受到同一资本家资本支配的劳工人数，时常是很可观的。一个包买商人所面对的雇佣劳工总数既然很可观，故当劳工对劳动报酬不满意时，包买商人所面临的抗议对手，即时常可能是一群成员人数庞大的劳工抗议团体（无论是临时性或是常设性的），而不是一个或数个势单力薄的劳工。如丝织业包买商人的"机户"，他们在道光二年（1822年）即曾抱怨说：

> 民间各机户，将经丝交给机匠工织，行本甚巨，获利甚微。每有匪匠，勒加工价。稍不逐欲，即以停工为挟制，以侵蚀为利薮，甚将付织经纬私行当押，织下纱匹，卖钱侵用。

---

① "字号"主要是一种将资本投资在棉布加工业的包买商人所开设的企业单位。《乾隆长洲县志》对苏州城西北郊棉布字号的描述是："苏布名称四方，习是业者，在阊门外上下塘，谓之字号。漂布、染布、看布、行布各有其人，一字号常数十家赖以举火，中染布一业，远近不逞之徒，往往聚而为之，名曰踏布房"（卷十）。所谓"数十家赖以举火"，正可以看到字号对于小生产者的资本支配关系。在这些与字号有关系的小生产者当中，特别以"踏布坊"一业所雇用的劳工人数最多。这种"踏布坊"，在文献上又称之为"踹布坊"或"踹坊"。褚华《木棉谱》对此业有描写："有踹布坊，下置磨花石版为承，取五色布，卷木轴上。上压大石如凹字形者，重可千斤，一人足踏其两端，往来施转运之，则布质紧薄而有光。此因西北风日高燥之地，欲其勿着沙土"（转引自谢国桢辑，《明代社会经济史料选编》上册，第144页），可知这是一种为了使棉布"质紧薄而有光"的加工场。开设这种踹坊的老板叫作"包头"，其底下则召募有许多"踹匠"。包头的资本额通常很小，不过是提供踹匠基本的生产工具（各式巨石与滚木轴）以及住宿场所，至于踹匠工资以及等待加工的棉布，都是由字号发放与垫支。有关踹布业经营的详情，可参见：寺田隆信，《苏州踹布业的经营形态》（收入氏著，《山西商人的研究》，第337页–410页）。

稍向理论，即倡众诈歇，另投别户。此种恶习，甚为可恶。

（《苏州碑刻》，第25页）

所谓的"稍不逐欲，即以停工为挟制"以及"稍向理论，即倡众诈歇，另投别户"，由此可见到一个包买商"机户"在面对来自劳工"机匠"集体抗议时的无奈与无力。棉布业包买商人开设的"字号"，其所面对的窘境则更是有过之而无不及。如康熙四十年（1701年）《苏州府约束踹匠碑》所载，踹匠罢工情况，声势即甚为惊人：

> 去年四月，……流棍之令一出，千百踹匠景从，成群结队，抄打竟无虚日。……各坊束手，莫敢有动工开踹者。变乱之势，比诸昔年尤甚。商民受害，将及一载。（《苏州碑刻》，第63页）

不论包买商如何厌恶那些劳工的罢工发起人，不惜以"流棍"来诬蔑其人，但这些所谓的"流棍"，确实可以使"千百踹匠景从，成群结队"，用集体罢工的行动，迫使"各坊束手，莫敢有动工开踹者"。当时称呼此种罢工行动为"齐行"，在康熙三十九年（1700年）的这次罢工事件里，劳工的抗争行动似乎已很有组织和计划，甚至还有"或曰某日齐行，每匠应出钱五文、十文"不等的描述①，这恐怕已是类似"罢工基金"之类的罢工组织手段了，有这种长期罢工的准备，难怪可使包买商人痛呼："商民受害，将及一载。"

面对劳工的集体抗议行动，逼使包买商资本家不得不产生共

---

① 《苏州碑刻》，第63页。

同的结社行动，合组团体，协调彼此因应劳方的劳动契约与集体对抗，不仅要使上述"机户"抱怨的"稍向理论，即倡众歇诈，另投别家（机户）"的情况不再发生，更要在彼此之间商议出一个共同的薪资水平，联合对付劳工的集体抗议。这在棉布包买商的情况上特别明显，单是《苏州碑刻》一书，即载有七次棉布商人联名请求官府颁发禁令的碑文，希望禁止劳工"齐行"，并且公布统一的工资。康熙九年（1670年），有21名布商联名立碑，康熙三十二年（1693年）有72名布商、康熙四十年（1701年）年有69名、康熙五十四年（1715年）有72名、乾隆四年（1739年）有45名、乾隆四十四年（1779年）则是苏州府"三县布商公立"、乾隆六十年（1795年）则有三名布商代表具署名[1]。康熙九年（1670年）年的踹布工价，定为"每匹纹银一分一厘"[2]，乾隆四十四年（1779年）为"每布一匹，……总计银一分三厘"。这两种不同的工资水平，都是布商回应踹匠集体抗争活动下的产物。"新安会馆"在乾隆年间成立，至今尚未见到有关此团体组织创建碑文的记述，然而推测其组织发展的原因，相信这种导源于应付劳工集体抗议的共同需要，是此团体成员主要的经济性结社动机。

除了棉布加工制造业以外，苏州城的丝织与纸张加工等二项手工作坊，也雇用了许多的劳工。丝织作坊方面，雍正十二年（1734年）有61名作坊主联名禁止机匠劳工"挟众叫歇，勒加（工）银"，并且规定了作坊主共同协议的工资水平[3]。虽然该业坊主在

---

① 《苏州碑刻》040、041、043、044、047、049、050等七号碑文。
② 同上书，第54页；第77页。
③ 《苏州碑刻》，第16页。

同治年间（1862—1874年）才集资建购了"云锦公所"，但在此之前，作坊主则早已借用城内玄妙观的"先机道院"（或称"机房殿"）作为议事场所。咸丰十年（1860年），太平军占领苏州城之际，"先机道院"遭兵火焚毁。同治年间，业者在原址附近重建殿宇房舍，正式定名为"云锦公所"[①]。"机房殿"的组织详情，至今仍很模糊，不过由雍正十二年的"叫歇"事件看来，对付劳方抗议的共同需要，应该已是许多丝织作坊主一项重要的潜伏性结社动机[②]。"云锦公所"成立之后，似乎渐由丝织包买商人控制了团体的决策权[③]，发生在"新安会馆"的结社需要，当然也适用于"云锦公所"。同样的情况，也发生在由纸张加工作坊主占决策主体的"仙翁会馆"里。苏州城的纸张加工业，主要是对于纸张进行染色、拖胶、刷蜡与洒金等手工劳作[④]。乾隆二十一年（1756年），即已有过34名纸坊主联名立碑协定工资的情形发生，坊主的决议为："各坊工

---

① 《苏州碑刻》，第34页–35页。

② 彭泽益即以丝织业中存在"机房殿"为理由，认为丝织手工业者都是在"机房殿"的管理和支配之下进行生产，与丝织品买主之间形成一种有固定主顾关系的产销加工关系"是属于传统"封建式"的生产关系，买主与生产者之间不存在有"自由的"资本主义式生产关系（《鸦片战争前清代苏州丝织生产关系的形式与性质》，收入《明清资本主义萌芽研究论文集》，第345页–368页）。本文有关"资方"与"劳方的"定义，并不采取上述那种狭窄的定义。雍正十二年的碑文已说的很清楚："机户出资经营，机匠计工受值"（《苏州碑刻》，第16页），这就是"机户"用资本支配"机匠"提供劳动力的基本劳资关系。如果说资方和劳方间形成一种经常性的交易关系，就是"不自由的"生产关系，就不算是资本主义式生产关系，则实难令人苟同。其实，主要的问题，还是出在彭氏对于中国"行会"的强制力量估计过高。他认定传统"行会"对于成员的强制权力是难以撼动的，无论"资方"或"劳方"，都难以随意改动自己交易的对象，所以生产者都是"不自由的"。对"行会"强制力量的检讨，请见本文第四章第二节的讨论。

③ 王翔，《晚清苏州丝织业"账房"的发展》，《历史研究》1988：6（1988，12），第116页–117页。

④ 段本洛、张圻福，《苏州手工业史》，第70页。

价，总以九九平九五色，按日按工给发，钱照时价高下"，同时并按照"推、刷、洒、梅、插、托、表、拖"等不同劳作技术，分别规定出不同的工资标准，洋洋洒洒地开列有二十四类有关劳工报酬的决议条文①。乾隆五十八年（1793年），另外一份有33名作坊主署名的碑文：《元长吴三县详定纸匠章程碑》，也是同类性质的碑文，这块碑文刊立在同年成立的"仙翁会馆"里②。由此可见，无论是丝织作坊的"云锦公所"，或是纸张加工作坊的"仙翁会馆"，由同业坊主联合协议工匠工资，共同对付其资本支配下的劳工团体的集体抗争，都是此类团体在组织发展上最主要的结社动机。

以上所举有关丝绸织造、棉布加工以及纸张加工等三项手工制造业，这些都是同一资本家支配劳工人数较多的行业。资本家每一单位资本所能支配的劳动力（可称之为"资本支配率"），要比苏州城的其他行业为高。这种具有较高"资本支配率"的特殊条件，一方面使该业资本家得面对势力更庞大的劳工抗争行动；另一方面也反映了该业资本家具有较广大的行销市场空间，可以雇佣较多的劳工，从事较大规模的生产，不必斤斤计较市场是否能容纳自己所制成的商品。相反地，在其他市场空间较小的行业里，资本支配率固然较低，但也从而减小了该业老板所面对的劳工压力；然而，如何保障自己产品的市场占有率，便成为业主不得不急切关心的问题。所面临市场空间的宽狭不同，各业业主所担忧的经济问题便不一样，从而在其组织的经济性结社动机上便各异其趣。

市场空间较狭的行业，不仅限制了业主资本支配下的劳工人数，

---

① 《苏州碑刻》058号碑文，第89页–92页。
② 同上书，第92页–95页。

同时也影响了业主投入更多资本的意愿。在这种行业里，不仅雇用的劳工人数较少，而且其开业所必备的资本额也较小，所以市场上比较容易出现新的竞争对手。特别在某些手工作坊里，由于学徒制度的普遍存在，业主固然可以享受到几近无偿劳动的便利，节省了可观的生产成本；但学徒总有出师的一日，总会变成有限市场空间一个新的竞争对手。就算在学徒上面再引进"伙友"制度，形成若干年学徒生涯，然后再经历若干年伙友阶段的习惯性制度，但伙友终归也有晋升老板的一天，市场上总要加入新的竞争敌手。无论是学徒、伙友，或者是来自外地的小生产者，都会成为有限市场空间的竞逐者。于是，如何在各业业主之间达成协议，共同建立一套瓜分市场的秩序，以维持市场瓜分的现况，便成为已独立开业业主间的共同利益所在。特别是那些已瓜分较多市场空间的业主，由于没有法律保障他们占有的既得市场，而市场上新的竞争对手又极易产生，这些业主便最容易感到结社的需要，成为新兴工商团体的结社发起人，并且透过种种可能运用的借口与手段，以达成他们瓜分市场的目标。由于格碍政府禁止垄断市场的法律规定，这些结社发起人最常使用的借口，便是办理同业善举，希望因此获得地方官员的支持。

当结社发起人与有意结社成员在瓜分市场的谈判中达成了协议，这份市场瓜分协议书，便成为一般学者所常指称的营业性"行规"。行规的大致内容，可举以下"小木公所"（表2-1，29号）的一份行规为例。这个成立于嘉庆十五年（1810年）的团体组织，在道光二十四年（1844年）将其原先已有的一份行规刊刻在石碑上，碑文列有行规十条：

——议同业花甲以外开张，行规以免。

——议众店友因未（悉）行规大事，仍开公所公议。

——议倘有私事，毋许开公所。如有私开，议罚。

——议外行开张吾业，先交行规钱四两八钱。

——议外来伙友开张，先交行规钱四两八钱。

——议本城出师开张，先交行规钱二两四钱。

——议要带本地之徒，先交行规钱五两。

——议倘有不交行规私开，照规加倍。

——议新开作户，要领行单为据。

——议此钱入与公所，款神祝献公用。（《苏州碑刻》，

第136页）

在这份行规里，可以看到该团体征收相当于许可费的"行规钱"，希望以此手段达到其维持市场瓜分现状的目的。其他行业业者想转做"小木公所"成员的买卖时，得先交四两八钱的"行规钱"；外地来的同行业者，亦得先交出四两八钱；而本行老板带出来的伙友开业，则先交二两四钱，算是一种厚此薄彼的优待；至于想要多添学徒的老板，得再交五两银子的最高许可费。无论是本团体以外的业主，或是团体内的伙友，只要是想在苏州城开店营业，便得先交许可费，领取"小木公所"开具的"行单"，始能被该团体"允许"。

"倘有不交行规私开，照规加倍"，这是上引"小木公所"行规的第八条条文。令人感到好奇的是，如果业者硬是不愿意遵守条文规定，坚决不交"行规钱"的话，"小木公所"是否能够强制执

行？地方官员在工商业者发生争夺市场的纠纷案件时，最常看到的基本立场是："把持行市，律有专条。若欲强分疆界，垄断居奇，万难准行。"①可见维持市场结构的不被"垄断居奇"，是政府法律的基本精神。同时，前节已经叙述过，新兴工商团体都是一种成员以自由意志参与结社的团体，入不入会是取决于工商业者的自由选择。所以，不仅想要强迫工商业者入会是非法的，"不交行规（钱）私开，照规加倍"，也是当时法律所不支持的。在此种缺乏"合法性"的行规条文之中，强调许可费的征收是作为公益用途的说辞，便显得十分重要，因为这是这类团体借以打动官府支持其"行规"的最重要手段。"小木公所"强调："此钱入与公所，款神祝献公用"，这是其强制征收行规钱的一项借口与手段，至于其他同性质团体更常使用的一个借口，则是办理同业善举。如剃头业的"江镇公所"（表2-1，28号），其成员强调："整顿行规，筹议捐资，冀充患病葬埋经费"，他们还试图请求官府考虑"诚恐紊乱行规，借私庆公，经费短绌，必致有妨善举"的后果，给予其"行规"一定程度的合法性②。"明瓦公所"也宣称说："吾行明瓦一业，向有成规，设立公所，在于城外，备办善举"③。而无论是要"款神祝献"，或是为了"备办善举"，对于这类性质的工商团体而言，主要都是为了遮掩团体组织"把持行市"，与"垄断居奇"的非法权力运作，减轻官府与社会舆论的疑虑或反对。到了二十世纪初年，"香业公所"（表2-1，59号）便干脆直接表现道：

---

① 《苏州碑刻》，第139页。
② 同上书，第201页。
③ 同上书，第132页。

盖纯正商业，建有公所。虽为同行议事之处，其中仍含有慈善性质，各业类同此旨。（《苏州碑刻》，第230页）

　　这种肇因于工商业者为达成寡占市场目的而形成的团体，至此已不用再汲汲宣称自己主要是为了"备办善举"而组成，不过是"仍含有慈善性质"而已[1]。这类团体，除了"江镇公所"接近于生活服务业之外，其余多为一些市场有限的小手工制造业。其共同的经济性结社动机，基本上都与瓜分市场的目标有关，而其所采用的最主要手段，则是设法协议出一份限制市场竞争的行规，用交纳"行规钱"的办法，来阻碍业者开设作坊与增收学徒。

　　"行规钱"的征收，可说是新兴工商团体为求寡占市场而设立的一种不具合法性的"进入障碍"。至于另外一种寡占市场的手段，则是协议统一价格。工商业者对同种商品达成协议的统一价格，使消费者无从取舍，被迫购买此项统一价格下的商品。如煤炭业建立的"坤震公所"（表2-1，68号），其成立碑文上写明：

----

[1]　清末，中国政府为与外国资本家展开商业竞赛，以挽回中国的经济利权，因而有"商战"运动的推展。光绪二十九年设立商部，光绪三十年更下令全国各商业城镇组织"商会"。由于当时许多城镇里，已产生了不少民间工商业者自组的新兴工商业团体（"会馆"与"公所"等），清政府乃颇思将"商会"与这些民间社团结合，运用民间已有的组织力量，共同推行"商战"的政策。如一份写在光绪三十二年（1906年）的官员报告上说，"问商会一事：各处率以地非繁盛为辞，夫有经商立业之处，即可以立会兴商，或因会馆，或因公所，借以兴办，兼可附设学堂，最属简便明易之法，亟宜就地筹集"（《商务官报》第一册，第15页）。政府政策已经将"会馆"与"公所"纳入推行经济政令的单位，新兴工商业团体至此也不必再用兴办善举的面纱来遮掩。虽然这里"香业公所"所指涉的"同行议价之处"，其意涵也许和政府的商战政令不同，但大环境已变，昔日那种汲汲辩称自己是"备办善举"的遮掩文字，已成昨日黄花了。

因同业行规之举未成，致多失败。按情实由同业参差，因
无公定价格，售价不一……似此互相倾轧，受耗无穷，以致亏
本倒闭者，年有所见。……爰集同人，从长计议，决定公平规
则，同业皆愿遵守。（《苏州碑刻》，第278页）

这个团体的结社动机十分明显，"因无公定价格，售价不一"，
以致"亏本倒闭者，年有所见"，这便促使成员产生了制订统一
售价的共同需要，因而有了团体组织的成立。另外，如道光二年
（1822年）由蜡烛业者组成的"东越会馆"（表2-1，19号），碑文
上也载有："为同业公定时价，毋许私加私扣"[①]，或许也指此类商
品价格的联合协议，成为该团体组织发展上的一项重要结社动机。
无论是设立"进入障碍"，或是制订统一价格，都代表着这些工商
业者试图寡占市场的主观意愿与努力。在这些团体组织里，对于寡
占市场的共同利益，自然是其在组织发展上的主要结社动力。

综合以上的讨论，可以得到下面四种不同的经济性结社动机：
特许商禁止其他非法业者进入市场竞争；商帮对中介商人的集体议
价；包买商或作坊主对于劳工团体的集体抗衡；以及工商业者为求
寡占市场。

在这四经济动机类里，第二类和部分第四类团体的功能，事
实上已有部分类似了。所以单是可以直接证明二者在经济功能上已
经重叠的，便有"东越会馆"与"武安会馆"这两个团体组织（表

---

① 《苏州碑刻》，第267页。

2-1，20号）①。而第二与第三类重叠者，则有"新安会馆"（表2-1，15号）、"仙翁会馆"（表2-1，17号）二例，这极可能是因为商帮团体已经自批发交易转入包买生产的缘故。本书关心的，是组织发展的整个"形式化"历程，不单单是在讨论团体初成立时的主要结社动机，并且也包含团体演变后维系成员结社动机的转变。第二类团体成员的结社动机，在团体初创时，也许主要是与中间商人议价，而随着时间的演进，成员经营的行业性质开始有了变化，成员面临的主要经济利害随之产生转变。也许是为了合作对抗劳工团体，也许是为了联合对付消费者，团体成员面临的经济问题已经转变，而团体的名称却未随之改变，维持成员结社动机的经济诱因已变，所以组织发展的主要原因自然也发生转换。这是第二、第三与第四类结社动机有时发生重叠的缘由，在其间试做泾渭分明式的区分，不是史料所许可的分析课题。

所以，此处不拟强对上表68个团体分配出不同种类经济动机的百分比率。勾勒出四种类型的经济性结社动机，旨在彰显十八、十九世纪苏州新兴工商团体成员结社的四种主要经济动机：阻止非法业者进入市场、与中间商人进行集体谈判、与劳工团体进行集体抗衡、设立进入障碍或采行统合售价以建立寡占市场，这些都是其在组织发展上最重要的经济性原因。

当然，同业工商业者结成团体的可能经济利益，并不只限于上

---

① 见上引"东越会馆"相关碑文内"为同业公定时价，毋许私加私扣"之记载（《苏州碑刻》，第267页）；"武安会馆"的碑文上亦载："今……既成此馆，俾同业会议有地，谐价有所，（同上书，第365页）"，这类"公定时价"与"谐价有所"的团体恐怕还发生在其他许多以"会馆"命名的工商团体里，只是未留载在碑文上而已。

述四种而已。例如在抵抗胥吏或地痞流氓的骚扰上，团体组织也要比个别工商业者更有力量，更能取得地方官府的积极保护。"东越会馆"的蜡烛商人，曾在道光二年（1822年）与道光三十年（1850年）中，运用集体陈情与控诉的力量，两次成功地阻止了胥吏与地棍勒索①。团体组织对成员所提供的这种便利，当然也对团体的组织发展提供了正面的加强作用。然而，拿这种问题与上举四类经济动机相比较，则明显属于比较边缘性的问题，所以不将此种经济便利归纳为新兴工商团体组织发展的主要原因。

无论是宗教情绪或互助情怀的满足，或者是追求共同的经济利益，这三类诱因都可能成为新兴工商团体发起人用以号召成员结社的有力手段。只要结社发起人认为有必要，这三类诱因便会派上用场，用以促进或强化该团体组织的"形式化"发展。所以，单纯以某一类结社诱因号召成员的团体组织，事实上是不太可能存在的，硬要对所有团体的组织发展原因做区分，分出三类结社动机在新兴工商团体所占的百分比，不仅没有这方面的史料，同时也没有必要。新兴工商团体不同于单纯的祭祀团体、同乡团体或是慈善团体，经济上的共同利益也是团体成员很重要的结社诱因。然而，经济利益亦有时而穷，合作互惠也可能会转化为对抗危机，过度谋利的色彩也可能引来官府与舆论的制裁，为了维系成员的向心力，也为了减少权力运作的阻力，诉诸宗教情绪或是互助情怀，便成为组织发起人与团体决策者不得不加以运用的结社号召与借口。是以，宗教情绪的满足、互助情怀的满足以及共同经济利益的追求，这三

---

① 《苏州碑刻》176号与183号碑文。

者都是新兴工商团体在组织发展过程中的主要结社原因。

三

除开上述团体成员的三大类结社动机之外，整个当时社会大环境的配合因素，也不能忽略。这种社会条件的配合因素，有两点特别值得注意：一是徭役制度的变革，一是民间同乡组织与慈善组织的兴起。

徭役制度的变革，指的是传统"粟帛之征"与"力役之征"的双轨式赋役制度产生了变化，代表"力役之征"的徭役制度逐渐没落，国家基本上已不再要求人民提供劳役。这种变革自十六世纪开始成形，一直到十八世纪才大致完成，表现在制度上，就是从"一条鞭法"到"地丁银制度"这一连串徭役制度的变革过程。梁方仲指出："一条鞭法之产生，其最直接的原因，还是要改革役法。条鞭施行后的结果，变动最剧者，是役法而不是赋法"[1]，这种出现在嘉靖年间（1522—1566年），并在万历九年（1581年）以后下令普及全国的徭役制度改革，使得徭役逐渐归并到田赋内征收，因而使不主要依靠田地维生的工商业者，获得了解除"力役之征"这种徭役负担的契机[2]。不过，这种"役归于地"的改革运动，其实是一种逐步完成的过程。在"一条鞭法"的制度下，徭役制度先进行"差

---

[1] 梁方仲，《一条鞭法》，《中国近代经济史研究集刊》4：1（1936），第1页-65页。所叙见第13页。

[2] 田继周，《明代后期一条鞭法的研究》，收入中国人民大学编《中国资本主义萌芽问题讨论集》，第657页-672页。所叙见第671页。有关一条鞭实行前明代的徭役制度，日本学者有详细的研究。可参阅：山根幸夫，《明代徭役制度の展开》，以及岩见宏，《明代徭役制度の研究》。

役法"转变，人民不必亲赴官府提供徭役，只要定期交纳银两即可。这种徭役银两的征收，实际上包括"地银"与"丁银"两类，前者依每户田赋的高低征收，后者则依每户男丁（年十六至六十之男子）的多寡征收。由于一条鞭法的实施确实有逐渐偏重征收"地银"的趋势，对于不依田产营生的工商业者很有利。不过，只要仍旧存在着交纳"丁银"的义务，工商业者便仍然直接处在徭役制度的势力范围之下，理论上仍然是国家课征徭役的基本单位。到了康熙五十一年（1712年），"滋生人丁永不加赋"的命令公布以后①，"丁银"真正成为不再依男丁数目变动的固定额数，为合并到"地银"项下征收的进一步改革做了很好的准备工作。雍正元年（1723年）终于正式下令："直隶所属丁银，摊入地粮内征收"，直隶以外的其他各省，也陆续将"丁银"并入了"地银"②，这便正式形成了"地丁银制度"。江苏省也以"雍正六年为始，丁随田办"③，二者正式合并。"地丁银"制度的正式登场，便使所有徭役银两的征收，在理论与实际上都只以人民田赋的数目为征收对象。从十六到十八世纪之间，随着"一条鞭法"到"地丁银"制度，一系列徭役改革运动终于完成，工商业者在法律理念上已经不再和政府发生徭役性质的关系。这种与国家之间关系的变化，使得工商业者在参与结社运动时，无须太过担心自己加入团体组织后的不利后果，不必太担心团体会滑落矮化为政府课征徭役单位的可怕后果。这为新兴工商团体的组织发展，提供了一个广阔的结社空间，有利于其诞生与发展。

---

① 刘锦藻，《清朝文献通考》卷十九，《户口考》，第5025页。
② 同上书，第5026页。
③ 《光绪苏州府志》卷十二，《田赋》，第331页。

另外一个重要的社会条件，则与民间同乡组织与慈善组织的兴起有着密切的关联。而这也是一项大约发生在十六世纪以后的社会运动，同乡团体的"会馆"以及慈善团体的"善堂"，大量在各大城镇中出现与普及，成为当时社会里一项新兴的现象。

　　何炳棣指出：同乡团体"会馆"的出现，至今发现最早的例子，是在永乐年间（1403—1424年）建成的[①]。然而，这种团体的逐渐普及，似乎是自万历年间（1573—1620年）开始的现象，到了康熙至乾隆年间（1662—1795年），已成为社会上一种非常普遍的民间互助团体[②]。至于"善堂"之类的慈善团体，梁其姿指出：从十六世纪末期开始普遍发展，"到了十七、十八世纪，这种（民间慈善）活动已经发展的相当成熟，各种机构相继成立"[③]。这两类民间社团的发展，一类是以提供旅居异地同乡的服务为宗旨，另一类则以替城镇困苦居民兴办救济事业为宗旨。自十六到十七世纪之间，两类团体皆得到地方官府与社会舆论的肯定与支持。特别是在明清时期苏州这种全国性的工商业城市里，不仅本地富人很多，而且来自外地的人民也为数不少。本地富人创建的"善堂"，或是外

---

① 何炳棣，《中国会馆史论》，第11页–13页。

② 同上书，第40页。又见：窦季良，《同乡组织之研究》，第21页–22页。

③ 梁其姿，《明末清初民间慈善活动的兴起——以江浙地区为例》，《食货复刊》15：7–8（1986，1），第52页–79页。所引见第52页（梁氏另有《十七、十八世纪长江下游之育婴堂》一文，载《中国海洋展史论文集》，第97页–130页，亦可参阅）。而有关此类慈善团体自十六世纪以降的详细发展历程，可见：夫马进，《善会、善堂的出发》，收入小野和子编，《明清时代の政治と社会》，第189页–232页。宋代与明代皆有官办救济事业的机构，十六世纪以后，官办救济事业已经衰败，民间慈善团体乃起而代之。有关官办救济事业，可参看：王德毅，《宋代的养老与慈幼》（收入氏著，《宋史研究论集》2辑，第371页–401页）；星斌夫，《明代の养济院について》（收入氏著，《中国社会福祉政策史の研究》，第486页–505页）。

地人民合建的"会馆",对于十八世纪苏州的民众而言,相信都早已是习见的社团组织。十六到十八世纪,苏州城至少已有三十三所"会馆"[①];至于在"善堂"方面,《乾隆吴县志》记载:

> 城中向有育婴堂,婴儿不能自育者送入焉。今更有普济堂、广仁堂,施棺椁医药。[②]

而根据《光绪苏州府志》的统计,苏州城善堂的数目,在康熙年间有2个,到了乾隆年间则已累增为16个[③]。

自十六世纪以后诞生的新兴工商业团体,不仅是工商业者发诸自愿以及组织发展更加明确化与形式化的一种团体组织;更重要的是,这种团体还取得了当地官府的承认与保护,成为一种兼具"合法性""常设性"以及"自发性"的工商团体。相对于其前的那些传统式工商团体而言,有的虽具"自发性",但却不具"合法性"与"常设性";有的则是虽具"合法性"与"常设性",但却不具"自发性"。这都与苏州城这类新兴工商团体有着本质性的差异。一种新组织的诞生,其实并不一定会为现有的社会结构所允许。尤其是在官府的法律与政令里,只存在过一种叫作"行"的工商团体,而"行"却是依官府的消费需要而强将工商业者编组而成的。对于新兴工商团体的发起人而言,要如何使官府与社会舆论支持自己团体的成立,这是一个很迫切的问题。

---

① 吕作燮,《试论明清时期会馆的性质和作用》,收入南京大学编《中国资本主义萌芽问题论文集》,第172页–211页。所据见第187页–188页。
② 转引自《民国吴县志》卷五十二,《风俗》,第866页。
③ 《光绪苏州府志》卷二十四,《公署:善堂》,第575页–583页。

自十六世纪到二十世纪初年，苏州城最少出现有50所命名为"会馆"的建筑物，而其中至少又有42所"会馆"是由工商业者出资建购的[1]。虽然"会馆"原本是同乡团体组织的专有名称，但是却为工商业者所渗入，在事实上逐渐成为新兴工商团体所占据的实体。"公所"这名称所指涉的含意比较模糊，在字面上讲，它就是一种"举办公事之所"，其含意自然可以包含广泛。但是许多取名"公所"的新兴工商团体，事实上都是以标榜"善堂"团体的功能，向官府呈请立案的。道光二十五年（1845年），苏州城的肉店同业者创立了"三义公所"（表2-1，41号），它的呈请碑文上说得很清楚：

> 切苏郡建设各善堂，恤养老幼贫病、施舍棺药、收埋尸柩等项善举，无一不备。即各项生业，置冢设局，周济同业，在在皆有。（《苏州碑刻》，第259页）

可见得"善堂"这类团体组织，也是新兴工商团体在官府面前刻意装扮的对象。

在光绪三十年（1904年）清廷下令全国设立"商会"以前，工商业者自己组成的纯粹经济性社团，一直都是于法无据的。在尚未体认到"商会"或"同业公会"对于国家经济发展政策上的辅助作用之前，保护与支持民间工商业团体，自然不是一种易于产生的行政观念。自十六世纪以降，在苏州城工商业者尝试合组团体之

---

① 吕作燮，《试论明清时期会馆的性质和作用》，第189页。

际，如何在建购房舍与设置公积金等组织发展"形式化"的过程中，设法取得法律的保护，是结社发起人不得不解决的迫切问题。随着十六至十八世纪同乡团体"会馆"与慈善团体"善堂"的发展与普及，不仅舆情支持此二类团体的成立，官府法律亦乐意保护这些团体的"公同财产"，给予这两类团体一个安全的发展基础。通过对"会馆"与"善堂"这两类团体外观的模仿，苏州城的新兴工商团体刻意装扮成此两类团体的"外貌"，成功化解了当时社会结构可能加诸的阻挠，获得了官府的承认，终使官府法律也对其"公同财产"加以保护，从而使新兴工商团体得到了一个安全的发展基础。所以，十六世纪以后"会馆"与"善堂"这两类同乡与慈善团体的普遍兴起，也是苏州城新兴工商团体在组织发展上的有利社会条件。

第三章
新兴工商团体的权力运作

　　新兴工商团体在组织发展上获得成功之后，其发起人与决策者，便可以用团体组织的名义，分别对成员、非成员的工商业者以及地方官府等不同对象，产生集体行动。这种集体行动，便是本章所谓的"权力运作"。探讨十八、十九世纪苏州城这些新兴工商团体的权力运作，是本章的主旨。

　　新兴工商团体的成立与发展，是十八、十九世纪苏州社会里一个普遍的现象。当团体发起人获得了工商业者的支持，募集到足够款项并产生了筹措公积金的规章之后，屋舍与公积金这类"公同财产"的累积，便形成了该工商团体"权力"的基础。另一方面，该工商团体同时也借助种种官府乐意采纳的理由，不仅使团体新成立的种种"公同财产"获得法律的保障，更使得团体经营的种种集体行动得到法律上若干程度的支持，这便成为新兴工商团体另一项权力的基础。通过上述"财产权力"与"法律权力"的双重支持，团体的权力基础于焉成立。在这样的权力基础之上，团体组织便能对成员、非成员以及地方官府，进行种种有效程度不一的权力运作活动。

学界在有关新兴工商团体权力运作的讨论上，对于团体在制定营业守则上的作用以及团体对于市场结构的影响，争论较大；至于团体组织在宗教、慈善活动以及其他抗拒官吏骚扰、联合投资置产等方面，较无异论。是以，本章文分两节，首节先叙述较无异论的权力运作，铺陈其间的运作概况；次节则详论争议较大的权力运作，检视其中的复杂细貌。

第一节　权力运作的概况

本节针对新兴工商团体在宗教、慈善、理财以及抵抗恶势力骚扰等方面的权力运作，讨论其运作的概况。

一

首先讨论团体组织在宗教与慈善活动上的权力运作情形。

在宗教活动上，由新兴工商团体祭祀的神祇对象看来，大概可分为"乡土神""祖师神"以及"财神"三类。崇祀乡土神，其最主要的动机，正如嘉庆十八年（1813年）《嘉应会馆碑记》所自述的："使同乡之人，聚集有地，共沐神恩。……神听和平，降福孔皆，数千里水陆平安，生意川流不息"[1]。祈求神明保佑成员们经商平安与大发利市，这是团体崇祀乡土神的主要原因。其实，无论是崇祀哪一类神祇，所谓的"共沐神恩"，自然都是信徒们最普遍

———————

① 　《苏州碑刻》，第350页。

的祈求。对工商业者来说，他们最盼望的，自然也都无非是"生意川流不息"的"神恩"。"乡土神"之外，"祖师神"与"财神"所满足的宗教情绪，当然都与此层大发利市的心理作用，有切实的关联①。透过新兴工商团体的权力运作，正可以利用团体的力量，共同将祭祀活动办理得有声有色。无论是在香烛纸马的制作气派，或是在唱戏酬神的热闹排场上，团体组织所能动员的人力与财力，其规模都是工商业者单凭个人之力所难以企及的。

工商业者以团体形式合作办理祀神之举，当然不始于新兴工商团体的成立。无论在唐末的八、九世纪，或是南宋的十二、十三世纪，文献上都已有工商业者并力合资以祀神的记载②。然而这些工商业者的祭祀活动似乎与一种流行在民间的宗教"会"并无性质上的不同，都是一种便于借以动员信徒财力的临时性团体。《履园丛话》记载有十八世纪这种民间宗教"会"的情况：

> 大江南北，迎神赛会之戏，向来有之，而近时为尤盛。其所谓会首者，在城则府州县署之书吏衙役；在乡则地方保长及游手好闲之徒。……每当三春无事，疑鬼疑神，名曰出会，咸谓可以驱邪降福，消难除蝗。一时轰动，举邑若狂，乡城士女

---

① "祖师神"的宗教功能比较复杂，除了庇佑大发利市的宗教情绪之外，它还满足成员某种感恩的心理。另外也可能具有形成该群工商业者某种职业自豪感的功能，对内可以促进彼此的一体感，对外则借以提高本行业的社会声望。（参见：任骋编，《七十二行祖师爷》，第6页）。
② 分见：《太平广记》卷二八〇，《刘景复》条；《梦粱录》卷十九，"社会"条。

观者数百人，虽有地方官不时之禁，而一年盛于一年。[①]

这类每年定期举办的“迎神赛会”，由于形成有“会首”的一套向信众筹钱的运作办法，从广义来说，也可以算是一种团体组织的雏形，只是其组织结构相当松散而已。这类民间宗教“会”，早在十八世纪前的中国社会里出现，即不是一种原本不常见到的现象[②]。在新兴工商团体形成之前的工商团体，其在宗教活动上的组织结构，恐怕亦不会比这类民间宗教“会”严谨多少。然而新兴工商团体成立以后，不仅使得成员在举办祭祀活动上，有了专属的建筑物；同时祭祀经费的取得，也不再靠临时性的募集，而是自常设性的公积金里拨提而来。新兴工商团体成员的宗教情绪不见得会比以前更为高昂，然而，就作为每年定期举办祀神活动的团体组织而言，其组织结构严谨程度上的差异，却是不可同日而语的。十八、十九世纪苏州城新兴工商团体的普遍存在，使得当地的社会结构

① 钱泳，《履园丛话》卷二十一，“恶俗”条。苏州早在明代后期便有一种“五方贤圣会”的民间宗教“会”，每年举办的规模亦很惊人。十六世纪时人王稚登特别撰有《吴社编》一书，记载该“会”盛况甚详。在苏州城这个“五方贤圣会”里，有许多工商业者也捐资赞助其活动。十七世纪一份调查奏折上记载：“（该会）岁费金钱，何止数十百万。商贾市肆之人，谓称贷于神可以致富，重直还债，神报必丰”（《汤子遗书》卷二，《毁淫祠以正人心疏》），该“会”信徒的功利信仰，可见一斑。康熙二十五年（1686年），江宁巡抚汤斌特别下令禁革“五方贤圣会”（见《清史稿》，265/9932与《清史列传》，8/6下），也不过是雷厉风行一阵而已，未久，该“会”又改换另一名称，依旧拥有许多信众（见顾公燮，《丹午笔记》“汤文正治吴”条，第170页）。

② 北宋的记载，如陈淳《北溪大全集》所录：“自城邑至封墟，淫鬼之名号者不一，而所以为庙宇者亦何啻数百所。逐庙各有迎神之礼，随月送为迎神之会，自入春首，使措置排办迎神财物事例”（卷四十三《上赵寺丞论淫祀》）。这种“迎神之会”恐怕与上注《履园丛话》等书所载之宗教“会”并无二致，都属一种相当松散的宗教团体形式。

里，增加了一种正式的社团组织，发挥着为成员举办宗教活动的功能，明显地成为一种特异于社会上其他团体的组织实体。每逢神祇诞辰等纪念日，工商业者总会醵钱演戏，以酬神恩。随着新兴工商团体的成立，属于团体成员的工商业者，已拥有了一处专属的演戏场所。无论是"三山会馆"（表2-1，1号），或是"永宁公所"（表2-1，26号），其专属建筑物里都特别置有"戏台"的设备[①]。这种戏台设备，相信应该也普遍存在于当时其他的新兴工商团体里。另外，在年节喜庆的日子，有些较富丽宏阔的新兴工商团体，更成为向当地民众展现其财力的场所。如在正月十五的元宵灯节里，"是夜……神祠会馆，鼓乐以酬，华灯万盏，谓之灯宴。游人以看灯为名，逐队往来"[②]。当然，有能力举办这种华丽"灯宴"的新兴工商团体，毕竟不是很多，但这确实已是个向社会展示其集体实力的显著现象。每逢团体为其所供奉的神像装金、为神像的殿宇翻修、或是购置种种祭祀物品时[③]，与团体组织发生金钱往来关系的其他非团体成员自然也不少。直至十九世纪为止，苏州城大概已存在有将近二百个这类团体组织，单以每年在宗教庆典活动上与其发生互动关系的民众而论，累积起来也十分可观。无论这些互动关系是否带来重大的影响，新兴工商团体已在十八、十九世纪的苏州社会里，扮演着一种团体行动者的角色，同社会上其他的团体与个人行动者，发生有制度性的互动关系。

在宗教活动以外，慈善活动也是这类新兴工商团体权力运作的

---

① 《苏州碑刻》，第352页；第206页。
② 顾禄，《清嘉录》，1/16下–17上。
③ 一个详细的清单，可见咸丰元年（1851年）"性善公所"的例子（《苏州碑刻》095号）。

重要范畴。种种慈善活动，大概可以分为恤贫、医病与丧葬等项目。到了十九、二十世纪之际，有些团体更开始兴学办教育。这些慈善事业救济服务的对象，基本上都只限于团体组织的成员。这当然是与团体经费来源的性质有密切的关联。团体成员有每年交纳一定数额公积金的义务，基于权利与义务均衡的理由，享受慈善事业利益的权利自然也只有会员得以拥有。尽管新兴工商团体的决策者，总是由交纳公积金较多的老板级人物轮流充任，但是，交纳较少或完全不须交纳公积金的伙友级成员，仍然算是团体活动的基本参与者。由于需要救济的，常常是伙友而非老板，从此点看来，老板所尽的金钱义务是要比伙友为大，而所享受的救济权利却远少于伙友。所以，虽然这些工商团体的救济事业不对非成员开放，但仍然具备举办慈善事业的性质，且主要是老板成员对于伙友成员的救济事业。

有关举办恤贫、医病与丧葬等慈善事业的情况，在与"梳妆公所"（表2-1，46号）有关的一块碑文上记述得十分清楚：

> 同业公议善举：如有伙友年迈无依、不能做工，由公所内每月酌给膳金若干。如遇有病，无力医治，由公所延医诊治给药。设或身后无着，给发衣衾棺木，暂葬义冢。（《苏州碑刻》，第137页）

由此可见得：在恤贫方面，团体组织每月自公积金里拨提"膳金"，给予不能谋生的年迈伙友；在医病方面，团体为其"延医诊治给药"；在丧葬方面，团体设有"义冢"，以充埋葬之所，并为其人购置棺木、寿衣等丧具。这是十八、十九世纪这类工商团体举办慈善活动的大致情况。同时，有的团体甚至还将贫苦成员所遗下的妻小，也列为救济的对象，如"云章公所"的情况："同业伙友……所遗孤寡无依，亦由公所按月贴钱敷度"[①]。在兴办教育方面，光绪二十三年（1897年），"武林杭线会馆"（表2-1，9号）的成员，商议要办理"义塾"，他们说："或蒙神佑，生意蒸蒸。将来抽厘愈多，尚可推广善举，成立义塾"[②]，结果如何，不得而知。不过，"云锦公所"（表2-1，51号）倒是在光绪十五年（1889年），"为同业无力子弟读书起见"，正式成立了附属于团体组织的"蒙养小义塾"[③]。"石业公所"（表2-1，66号）也在光绪三十二年（1906年）设置了"知新蒙小学堂"用于"延师教授同业子弟"[④]。随着这些慈善活动的举办，新兴工商团体已与其成员之间，建立起较宗教活动更为频繁而紧密的互动关系，表现出更有力的团体权力运作。

无论是要想举办宗教或是慈善活动，都需要可观的开支，尤其以慈善事业的举办为甚。这些可观的经费开支，主要是源自于团体组织里老板级成员的捐助交纳。"三义公所"（表2-1，41号）在道光二十五年（1845年）成立时，作为发起人的肉店业老板强调说：

> 苏州内外，肉店帮伙，籍隶异乡。设逢染患，店房窄小，不能栖调，就居客寓，形单影只。倘遇病故，往往殓埋无着。是生乏医养之所，死乏瘗旅之地，殊堪悯恻。（《苏州碑刻》，第259页）

---

① 《苏州碑刻》，第213页。
② 同上书，第222页。
③ 同上书，第44页。
④ 同上书，第133页。

这种对于自己店铺所雇"帮伙"所产生的一种因为眼见其"生乏医养之所"以及"死乏瘗旅之地"的不忍之情，确实也是新兴工商团体成立的一个重要原因。响应捐款，以及应允定期交纳公积金，老板级成员虽然损失了有形的金钱，但却满足了救济同业伙友的互助情怀。宗教活动的金钱支出也有类似的效果，团体成员借此满足了崇敬神祇的宗教情绪。不过，这些捐助金钱的老板们，很快便会发现到，他们捐助金钱的回报，实在不仅仅限于互助情怀与宗教情绪的满足而已。无论能否化解成员间贫富分化的矛盾，掌握团体决策权的老板级成员，越来越能在慈善活动之外，寻觅到自己参与结社的利益，新兴工商团体的权力运作，也更加多面化与复杂化。

二

新兴工商团体另外一项常见的权力运作，是表现在购屋收租以及放款生息等有关理财的集体行动上。新兴工商团体一方面有着专属的建筑物，另一方面也累积了可观的公积金，对于善于经商生利之道的工商业者来说，这些建筑物与公积金，自然便成为可以灵活运用的资产。"绚章公所"（表2–1，56号）在光绪二十年（1894年）开列的五条行规中，对于团体公积金的管理与运用办法有明文的规定：

> 每于年终，将收支细数开账报销。如有盈余，存积置买公产，或存庄生息。总期实用实销，倘有侵蚀等弊，察出听众议罚，不得徇情轻恕，以昭信实。（《苏州碑刻》，第104页）

在团体组织里，每年总有一笔公积金保管在当年的"值年"手上，这位团体组织的管理人员，总要在年终向团体提出一份清理账册，开列一年来有关公积金收入与支出情形的细目款项。当团体支付出有关宗教与慈善活动的经常性开支之后，所剩余的公积金，便可以灵活地运用，或者是"存庄生息"，或者是"置买公产"。也就是说，"值年"可以将公积金存入钱庄或典铺去赚取利息，或者是购买房地产以收取租金。公积金愈是丰盈的团体组织，其在此类理财活动上的灵活程度便愈大。"咏勤公所"（表2-1，31号）在咸丰五年（1855年）议决：以公积金三千两银子，"发典生息"，"岁得银三百六十两"[①]；"潮州会馆"（表2-1，3号）的房地产收入则更是惊人，单在乾隆四十九年（1784年）一年的租金收入便高达一千四百三十五两银子[②]。这两个例子也许比较特殊，其他的新兴工商团体，并不见得具备这么庞大的可运用资产。然而，各团体的"值年"，以其所保管的公积金，去做种种理财的活动，相信也该是个普遍的现象，只是规模不见得很大而已。在此情况下，为防止"值年"私吞租息收入或是浮滥存放资金，一些比较严密的管理办法，也会应运而生，如嘉庆十八年（1813年）的《嘉应会馆碑记》即载有：

> 凡经手收入及放出生息，必须经理得宜，……所有银楼，当众交出，公举殷实领借，某分生息，须数人保结。至次年汇簿日，母利一并交出，再公举殷实领借，毋得徇情，听人擅自

---

① 《苏州碑刻》，第206页。
② 同上书，第341页–344页。

领借、及至期不行交清又转借次年之弊。(《苏州碑刻》,第351页)

这份对公积金存放生息办法有详密规定的文字,证明当时新兴工商团体在运用公积金理财活动上的频繁,否则不必发展出这样详细的资金存放规定。光绪二十一年(1895年),一份有关"东越会馆"的收支账册碑文上,甚至看到有五个会员"各借纹银七十两"的记载[①],这似乎是反映以公积金贷款予会员的情形。会员借领公积金,应该也会享有较低的利息,如是则新兴工商团体可能还具有对会员进行低利率融资的功能。而无论对会员融资的功能普不普遍,对于团体每年的"值年"会员来说,保管公积金所附带的融资便利,则是必然的。只要在每年年终的"汇簿日",将公积金的本息一并交代清楚,这一年内的公积金运用方式大多决定在"值年"手上。只要该"值年"有需要,自己对自己进行融资,实在是非常便利的。尽管在十八、十九世纪众多的工商行业里,可以进行大量生产而不虞市场消纳能力的行业实在很有限,融资的需要并不太普遍。然而,新兴工商团体可以用公积金执行融资作用的可能性,却是应予肯定的。单以乾隆年间(1736—1795年)苏州城有执照的290家典铺而论[②],希望获得这些新兴工商团体青睐以存放其公积金的典铺老板,相信是大有人在。所以,无论是对成员的贷款,或是对非成员的收取租金或利息,这些与理财有关的团体活动,都是新兴工商团体权力运作的范畴。

① 《苏州碑刻》,第277页。
② 《发府志》,17/440。

道光三十年（1850年），一群蜡烛店老板向苏州知府控告苏州城三县的行政措施不当，控告县衙胥吏为举行道光皇帝国丧而勒索他们供应蜡烛。苏州知府的批示是："嗣后如有匪徒串同差保，勒派春秋祭祀等项供烛，借端滋扰，许该铺户等指禀地方官，从严究办"[1]，这些老板们成功地阻止了县衙门的勒索。他们都是成立在道光二年（1822年）的"东越会馆"的成员，而这份来自苏州知府批示的禁令，也正刊刻在这栋新兴工商团体专属建筑物里。

　　政府与工商业者之间的关系，至少自唐末的九世纪以后，便存在着一种"当行制度"。这种制度一直延续到十六世纪，其内容正如明代官员沈榜所记叙的：

　　　　遇各衙门有大典礼，则按籍给值役使而互易之，其名曰行户。或一排之中，一行之物，总以一人答应，岁终践更，其名曰当行。[2]

　　这种当行制度将各地工商业者编纳入册籍中，注明其所贩卖的货品种类。当官府对该项货品有需要时，则"按籍给值"以购买之。同时并在各行业中指定一人负责该年官府的采买商品，"岁终践更"，每年轮换一名工商业者负责此任务，这类负责人一般多称作是该年某行业的"行头"。

　　然而自十六世纪以后，在一些商业发达的城镇里，当行制度逐

---

[1]　《苏州碑刻》，第274页。
[2]　沈榜，《宛署杂记》"铺行"条，第92页。

渐被政府法律所禁止。以苏州府为例，万历四十四年（1616年）的《常熟县禁革木铺当官碑》即说：

> 铺户当官之苦，裁革已久，郡县不敢动摇。[①]

康熙二十七年（1688年），苏州城里的长洲县衙门也说：

> 行户当官，履经禁革在案。……仰在政司饬行苏州府，
> 将行头、官用等名色，立案永禁，以除商害，违者拿究不宥。
> （《苏州碑刻》，第115页）

不仅长洲县官员强调"行户当官，履经禁革在案"，江苏巡抚也重申了"行户当官，久经严禁"[②]的禁令。可见得当行制度已为十七世纪的官府所严令禁止，再也不是一项被政府官员所认可的行政命令。

不过，这种"按籍给值"的当行制度虽被禁止了，工商业者还是难免遭受到官府衙门的侵害。最普遍的侵害方式便是"票取"这种疵政。康熙八年（1669年），一份政府命令上说：

> 各处土产，有文武官员行票差役，令州县买送，州县按里派取等弊，请行严禁。……州县加派里民，近经查革，乃似日

---

① 《苏州碑刻》，第106页。
② 同上书，第115页。

用供应，取办牙行铺家，并强索贱市。应勒石永禁。[1]

没有了当行制度，官府再也不能按籍索骥式地强迫工商业者卖出商品。但是，政府的官员却可以发出类似购物单的"票"，派胥吏至工商业店铺买商品。虽然细心而廉洁的官员会特别留意此类"票取"的买卖行为，力图减低其间可能发生的弊端。如十八世纪中叶一本教导官员如何治理政务的书《图民录》，作者袁守定即特别告诫官员：

> 票差当慎。凡一票往乡，百姓必有所费。谚所谓："官一点朱，民一点血也"。余所历州县，每书吏呈票签押，辄握管踌躇不能下，十格其八九。[2]

"凡一票往乡，百姓必有所费"，这对住在城镇的工商业者来说也不会例外。所谓"官一点朱，民一点血"，袁氏深察"票取"的流弊，所以告诫官员"票差当慎"。但天下官员岂能尽廉洁又细心？各地工商业者总还要面临"票取"此项疵政的威胁。

"票取"这项疵政的弊端根源，如果撇开存心占工商业者便宜的贪官不论，其最根本的问题，还是出在胥吏这类人物的身上。胥吏本是行政体系里最基层的行政人员，但由于未获得行政系统内应有的重视，以及士大夫流品观念的作祟，早自宋代开始，便已成为

---

[1] 《清文献通考》卷二十一，"职役"，第5047页。
[2] 袁守定，《图民录》卷三，"慎票差"条。

行政系统里一项大问题①，成为民政庶务上的一大隐忧。袁守定深知胥吏对百姓生业无端骚扰的可能弊害，他在《图民录》上说："胥吏无田，以剥民为田。胥吏无所，以作奸为所"。②而票取民间财货，总难免要派胥吏居间经手，种种对民众巧取豪夺的不法行为，便极可能在官员不知情的状况下发生；所以他对票取之事十分谨慎，"每书吏呈票签押，辄握管踯躅不能下，十格其八九"。廉洁本不

---

① 宋代马端临的一段评论最为中肯而且沉痛："人品之卖不肖，初不系其出身之或为儒、或为吏也。……后世儒与吏判为二途：儒自许以雅，而诋吏为俗，于是以剸繁治剧者为不足以语道。吏自许以通，而诮懦为迂，于是以通经博古为不足以适时。而上之人，又不能立兼收并蓄之法，过有抑扬轻重之意。于是，拘谫不通者，一归之儒；放荡无耻者，一归之吏。而二途皆不足以得人矣。"（《文献通考》"选举"八，35/330）居高位的官员，难奈行政法规的琐碎，却又看不起实际办事的胥吏。居下位的胥吏，尽管掌理与民众切身攸关的行政文书工作，却又升迁难望。明初，承袭元代较不轻视胥吏的行政传统，确曾尝试建立起一套较完善的胥吏制度，给予胥吏较良好的待遇与较佳的升迁机会（参见：赵世瑜，《明代吏典制度简说》，载《北京师范大学学报》1988：2）。然而，自十五世纪以后，一些加诸胥吏迁升的限制，已逐渐产生。如不准胥吏担任御史与知府等官职，甚至还不准胥吏参加科举，直将胥吏视为社会上一种类似"贱民"的人物（缪全吉，《明代胥吏流品之确定》，收入杜奎英等著《中国历代政治理论》。特别参考第175页–176页）。胥吏在社会地位上越来越低落，但在政府行政法规越来越繁杂的情势下，胥吏却又成为官员不得不依赖办理行政事务的主要助手。官员既难以娴熟繁杂的行政规章，深惧动辄得咎，只好依靠了解法令的胥吏。操守不佳之胥吏，乃得以上下其手，欺瞒官员，剥削小民。十六世纪末叶，顾炎武即抱怨道："今夺百官之权，而一切归之吏胥。是所谓百官者虚名，而柄国者吏胥而已"（《日知录》，11/238），黄宗羲也慨叹："是以天下有吏之法，无朝廷之法"（《明夷待访录》"胥吏"，第36页上）。这种奇怪现象的存在，恐怕一直延续到清末。冯桂芬在一八六〇年代写成《校邠庐抗议》，检讨清朝应当如何变法自强的问题。他所见到的胥吏制度，依旧还是："后世流品莫贱于吏，至今日而等于奴隶矣。后世权势莫贵于吏，至今日而驾乎公卿矣"（卷上，第12页下）。综合检讨当时清朝的病灶，他说："谈者谓今天下有大弊三：吏也，例也，利也。任吏挟例以牟利，而天下大乱。于乎，尽之矣！"（卷上，第14页下）可知行政系统里胥吏问题的严重。

② 《图民录》卷二，"人民得自言其情则不畏吏"条。有关胥吏对于工商业者的欺凌情况，可参考：任道斌，《清代嘉兴地区胥吏衙蠹在经济方面的罪恶活动》（载《清史论丛》6辑，第123页–134页）。

易，细心又更难求，有几个官员能似袁氏一般？①而官员又总难免要向工商业者采买公私诸用的商品，票取之弊，便成为工商业者不得不面对的问题。

道光三十年（1850年）的蜡烛店老板集体控诉案，便是肇因于该年"二月间，奉长、元、吴三邑钧票，着身等备办供烛"②而引发。事实上，在道光二年（1822年）也发生过一次类似的诉案。蜡烛店老板联名向苏州知府控告有人串通县衙胥吏"捏（造）吴邑假票，……派出春祭折烛钱文"，甚至还埋怨县令"未知其（人之）科派撞骗"。结果，苏州知府的批示是："借端科派，殊属违例"，并下令"嗣后再有匪徒串同差保借端科派，许该铺户指名禀解地方官，从严究办"，③这份禁令也刊刻在"东越会馆"里。

工商业者参与结社，组成新兴工商团体，自然可以加强彼此的归属感觉，一旦有胥吏等人物借端勒索，便可以联气同声，共同控告这些不法分子。直至二十世纪初，工商业者都不曾以新兴工商团体的名义，向官府进行交涉或提出控诉，却常可以看到工商业者联名集体控诉的案例。这反映了直到二十世纪清政府下令设立"商会"以前，清政府的法律，并不认可新兴工商团体的经济性社团法人的地位，只认可它们在宗教与慈善活动上的合法地位。所以，"潮州会馆"的公共财产称作"祭业"，"汀州会馆"的称之为"祀

---

① 袁氏甚至于劝告其他官员不要在任官外所购买衣物，他说："今必欲载米之任，难矣。饮食之物，不能不市于所治。其他衣履所需，必豫为计，买之他所。……在任一无所需，……匪惟恐累清德，亦防病民。盖出入之间，必假胥吏之手，苟有损抑，则所伤多矣"（同上书，卷一，"衣履所需买之他所"条）。
② 《苏州碑刻》，第274页。
③ 同上书，第266页–267页。

产"①，而"办理善举"，更成为大部分新兴工商团体申请立案的理由。同时，胥吏勒索工商业者，大部分不外是榨取些小利，积少以成多而已，工商业者很难在状词上扩张解释成侵害了自己团体的公共财产。由于这两项理由，新兴工商团体的成员难以用团体组织的名义，控告胥吏的票取骚扰，而都以集体联名的方式，向官府呈递告诉。不过，新兴工商团体的成立，当然有助于成员们平日的联系，一旦有成员遭受勒索，发动联名控诉的可能性，自然要比昔日未设团体前大得多。这是团体组织对老板级成员所能提供的一项大便利，也可视为新兴工商团体的一项权力运作。而那些有心借票取以谋不义之财的官员胥吏，恐怕也要对此种联名控诉的手段权衡轻重，要想勒索有新兴工商团体互通声气的工商业者前，是要比没有团体组织者，多做些思量的。

除了不法的官员与胥吏之外，城镇中总少不了一些地痞恶棍之流的都市之瘤。在十八世纪的苏州城里，这些地痞恶棍甚至早已形成一些不法的团体组织。《康熙苏州府志》里载："市井恶少，恃其拳勇，死党相结，名曰打行"（卷二十一"风俗"），当时城中居民对此种"打行"的解释是：

> 康熙年间……善拳勇者为首，少年无赖属其部下，闻呼即至，如开行一般，故谓之打行。②

这种"打行"组织，对于苏州城开业做买卖的工商业者，自然

---

① 《苏州碑刻》，第341页；第369页。
② 顾公燮，《丹午笔记》"打降"条，第188页。

也是一大威胁。①而十八、十九世纪新兴工商团体的存在，工商业者当然也可以像对付贪官污吏一般，透过联名控诉的方式，保卫自己的财产安全与营业权利，这对于团体中老板级成员所提供的帮助必定很大。

第二节　权力运作的检视

新兴工商团体的成立，对于其老板级成员而言，最大的功能恐怕多半是在商业营运上。无论是批发商、中间商或零售商等纯商业性质行业的老板，抑或是从事放料制生产或手工作坊制生产等制造业性质的老板，经过相当时间，在同一座城市里，从事共同的贩售商品活动之后，总会在商业营运上发生频繁的互动关系。这些互动关系里，有利益冲突处，也有利益共通处。特别是同行业里的工商业者，他们在营运利益上的冲突与共通处更频繁，当少数工商业者体认到结社对其商业营运上的便利，而积极招募成员赞助之际，如果也有足够的工商业者同感结社的便利而响应捐款，一个新兴工商团体才获得了成立的足够动力。团体组织的重要成立基础之一，是来自成员的自愿捐款的赞助行动。对这些出了绝大部分捐款的老板级成员而言，若不是这个团体组织必定能在商业营运上提供许多便

---

① 有关"打行"等都市地棍的不法活动，日本学者曾有专门的讨论。如：上田信《明末清初江南の都市の"无赖"をめべる社会关系——打行と脚夫》[载《史学杂志》90：11（1981，11）]以及川胜守《明末清初における打行と访行》[载《史渊》119（1982，3）]。大陆学者沙郑军，则强调不该把脚夫视为无赖之流，并对脚夫的营业情形有所分析，甚值参考（《试论明清时期江南脚夫》，载《中国史研究》1988：4）。

利，则一种长期性的自愿乐捐是难以维持的。自愿乐捐一旦停止，新兴工商团体便失掉了最重要的成立基础，马上便要面临分崩离析的结局。所以，新兴工商团体的权力运作，其间很重要的一个关键，是在成员的商业营运范畴这个问题上。

由于行业性质的差异，工商业者在商业营运上所侧重的问题也因而不同，所以新兴工商团体在此范畴上的权力运作，便各不相同，以上表68个团体组织而言，可依其成员从事行业性质的不同，而分别出四类不同旨趣的权力运作风貌。第一类是特许工商团体对于非法业者的联合抵制，第二类是批发商团体对于其他商人的集体谈判，第三类是特殊大规模产业资本家对于劳工团体的集体抗衡，第四类则是部分行业工商业者企图寡占市场的联合勾结。

新兴工商团体在商业营运上的这四类型权力运作，除了第一类之外，其他三类型的权力运作，也并非是截然有别、泾渭分明的。因为行业性质的不同，各行业工商业者之间的利益关系，也不是新兴工商团体都能有效整合的。在团体成员间存在的诸多冲突与共通的利益关系，只有那些对其成员感到最迫切的共通利益，才能有效地在团体组织里获得整合。以第二类权力运作的团体组织来说，可能它的部分成员对于第四类型的权力运作也很感兴趣，然而由于行业性质的不同，成员在这方面的利益关系上是相当不易被整合的；所以在团体组织的实际权力运作上，便表现不出值得重视的第四类型风貌，而只能在第二类权力运作上有实际效果。是故，尽管第二类型权力运作的团体，也有可能表现出一些第四类，甚或第三类型的权力运作风貌，但是基于其行业性质的限制，此种看似重叠的权力运作，恐怕皆缺乏实际的效果。视为团体里少数成员的企图则可，归纳为团体组织的实际权力连作，则还差之远甚。所以，尽管团体组织的权力运作也许不一定泾渭分明，但仍可以区分出第二、第三与第四类型的不同属性。不过，另外一种影响此种权力运作分类有效性的情形，则应特别留意，这与时间因素的考虑有关。由十六到十九世纪，在这四百年的长时间里，是苏州城新兴工商团体逐步诞生与普遍化的时间历程。有些团体组织的成员，他们所经营的行业性质，在这段时间历程里，已经起了不小的变化，连带使成员在商业营运上所面临的迫切问题发生了转变。在这种行业性质变化的前提之下，有些团体的名称虽然未变，但是其权力运作的风貌，却于无形中产生移转。这便使得上表68个团体的权力运作属性，难以做出泾渭分明式的硬性区分，因为不同时间里形成的相同团体组织，确实产生了不同类型的权力运作风貌，却没有在团体名称上反映出来。就同一时间（尤其是十八、十九世纪）而论，新兴工商团体的权力运作，确实可以划分出上述四个类型，所以此种区分方法仍是有效的。

一

第一类型的权力运作风貌，与特许商性质的行业有关。新兴工商团体在此处所表现出来的权力运作，大体上都是团体成员为禁止其他竞争对手加入此行业的联合抵制行动。这种特许商行业，须要定期向官府交纳一定数额的执照费，替官府执行维持市场交易秩序、监督商人纳税以及其他种种行政命令。在十八、十九世纪的苏州城，这种特许商主要被称作是"牙行"。基本上，这是一种为方便买卖双方交易以成立契约的中间商行业，扮演着节省买卖双方交易成本（transaction cost）的商业功能。鉴于其在商品交易上的不可或缺，以及官府在商业事务上行政官吏人数的有限，地方官府逐渐将此种行业纳入自己商业行政体系之中。早在十六世纪中期，有些地方官府便命令此种中间商人代收商税①，而至少自十八世纪前期开始，官府法律便已经形成了一整套利用与控制牙行的正式制度②。为了有效管理此种行业，使商业行政得以顺利执行，官府不得不控制当地牙行的数额。乾隆元年（1736年），苏州府"始奉上谕，定额报部"，苏州城的牙行数额规定为二千四百三十五家，以后又在此数额上有所调整③。

在数额限制之外，官府对牙行申请开业，也有一套审核的标准，像是"身家殷实，置有产业""为人诚朴，明白行务，商众悦服""本身并非生监吏胥，亦无违碍过犯"等条件，都是官府要审核的④。州县审核通过之后，再转请"布政司钤印颁发"⑤一份牙行执照（"牙帖"），如果布政司同意，一家合法的牙行才得以在该地开设。合法的牙行，还要定期向官府交纳执照费，以换取一张有效的新"牙帖"。⑥

面对这样一套政府管理的法规，牙行便成为一种具有特许商性

---

① 如江苏省江阴县的情形。接《嘉靖江阴县志》记载，早在嘉靖四年（1525年），"巡抚都御史朱寔昌以征税烦扰，更为门摊，令牙行四季收贮本县，岁终起运如数"（卷五，第76页）。
② 吴奇衍，《清代前期牙行制试述》，第28页。
③ 《光绪苏州府志》卷十七，第439页。
④ 一份牙行开业的申请书，可以参见：刚毅，《牧令须知》，3/23，第115页–116页。
⑤ 《户部则例》卷四十二，第3065页。
⑥ 各种执照费的多寡不一，自一两到二钱不等。可参见：《户部则例》卷四十二，第3080页–3082页。

质的行业，接受政府的检覆与命令。早在明代法律上，"私充牙行"即是有罪的，"私充者，杖六十，所得牙钱入官"。[①]这是为了维持正常的市场交易秩序，不使非法牙行骚扰买卖双方而立法的。清代法律也继续规定此项处罚条例。[②]然而，官府在执行此项禁令时，更着重在牙行业者有无骚扰商业交易上，而不是在认真查办未曾注册领帖的非法牙行。正如"各处客商辐辏去处，若牙行及无籍之徒，用强邀截客货者，不论有无诓赊货物，问罪，俱枷号一个月"[③]的法律条文所着眼的，官府要处罚的中间商人，主要是那些"用强邀截客货"的业者，至于那些非法存在的中间商人，只要不侵犯到客商自由寻觅中介业者的权利，官府是很可以容忍其继续营业的。

官府的这种执法态度，不论其动机如何[④]，都是对合法的中间商人很不公平的。同时，由于此种中间商人通常不需要太多的资本便能进行营业，只要对当地市场供需资讯稍有认识，加上肯费精神去积极撮合买卖双方成交，便能投身此行业进行竞争。尤其在苏州城这种商贾往来频繁而且手工业产品众多的工商业城市里，加入中介行业做商业竞争的人自然更多。官府既然不对没有牙帖的非法牙行积极取缔，竞争对手又源源而至，合法的牙行业者只得设法保障自己的权益，希望能团结起来抵制非法业者的竞争。合法牙行这类特许商在成立了自己的新兴团体组织之后，如何有效地抵制非法业

---

① 《大明律集解附例》，《户律·市廛》卷十，"私充牙行埠头"条。
② 《大清律例汇辑便览》，《户律·市廛》卷十五，"私充牙行埠头"条。
③ 黄彰健，《明代律例汇编》卷十，第577页。
④ 黄六鸿，《福惠全书》上载："城乡市集牙行经纪，除经本县投设领帖外，其余念系穷民，未忍苛察"（98/156），这代表十八世纪一位地方官员对于非法牙行的同情态度。所谓的"念系穷民，未忍苛察"，便是其容许非法牙行存在的主要理由。

者的竞争，自然是其权力运作的重心。

抵制非法业者的竞争，最有效的办法大概要算是检查业者的执照。不过，一直到二十世纪初年之前，官府似乎一直未曾将检查执照的权力交付予新兴工商团体。直到民国八年（1919年），"豆业公所"才获得了此种授权，其行规上记载着：

> 同业设有开张行栈，须先承领行帖，凭帖报告公所注册。由本公所验明牙帖……方准营业。如有未领牙帖，及向公所报告注册者，呈请官厅罚办，勒令歇业。（《苏州碑刻》，第238页）

这种获得政府法律授权，"由本公所验明牙帖"，否则即呈报政府"勒令歇业"的明文规定，是十八、十九世纪的新兴工商团体一直不曾争取到的权力。在二十世纪之前，尽管官府也禁止无照业者的开设，但官府却不认为新兴工商团体有代替政府查验执照的权力。在此种情势之下，新兴工商团体只能透过种种官府可能会欣赏的借口，要求官府再一次重申无照业者不得开张营业的禁令。这些借口包括有：可以帮助政府推行官定度量衡器，以建立公平的市场交易秩序（如"丝业公所"与"醴源公所"）；或说是"议立公所，……实于盐务有裨；兼恤同业"（"酱业公所"）；或者是帮助官府购买到所需的商品（"巽正公所"[①]）。无论这些借口如何动听，官府也不过是为这些合法业者重申一次文字禁体，可将禁令刊刻在

---

① 分见：《苏州碑刻》，第32页；第259页；第261页；第125页。

其专属建筑物里而已。执行取缔无照业者的工令，让工商团坐，官府从未将任何权力转渡予工商团体。如果说颁发执照才能营业是一种"进入障碍"的话，这种"进入障碍"的设置，一直便是官府为维护市场交易秩序而主动立法的。不仅这种立法动机与新兴工商团体的成立毫无瓜葛，而且在二十世纪前，政府法律也从不曾将维持"进入障碍"的政令权力分享给工商团体。工商团体的权力运作，充其量不过是使官府更重视原有执照管制禁令的执行，至于官府的执行效果与执行热度如何，仍是令人怀疑的。

至于要想限制团体成员彼此的竞争，由此类行业的团体组织规章看来，似乎更不是团体权力运作的范畴。同治十三年（1874年）由部分猪牙商合组的"猪业公所"，其碑文上即说：

> 每逢猪客到行销售，均须住宿职等行内，脱货方归。屋窄客多，……或因住宿无处，遂致货售他行，因此生意清淡。现……公置房屋一所，专为买卖猪客暂宿之处，另业不留。（《苏州碑刻》，第254页）

从上引碑文中看不出这个"猪业公所"有没有要求政府禁止无照业者竞争，然而由其为了改善自己"或因住宿无处，遂致货售他行"的不利条件，从而扩充住宿设备以吸引商客的集体行动看来，猪牙业者之间的竞争大概是很激烈的。尽管特许商可以在要求官府禁正无照业者竞争上找到利益共通处，使其团体组织在这方面去尽量发挥影响力，但若想在成员间进行限制竞争的利益整合，大概是相当不易办到的。

二

批发商人所组成的新兴工商团体，其权力运作则主要是在为成员的销售或购买上提供更有利的谈判条件。批发商人自外地来到苏州城，如何提升自己在买卖商品上与谈判对手议价的能力，是他们最关心的问题。新兴工商团体的成立，不仅使这些批发商人拥有专属的住宿与贮货的处所，更使得他们仍能够更密切地协调商品的价格。有了专属处所，则贮货可以不再受制于本地的中间商人；彼此先行协议出买卖基本价格，谈判对手便难以拨弄成交价格以致使自己吃亏。浙江籍绸缎批发商组成的"钱江会馆"（表2-1，12号）自称其建筑物为"贮货公所"，河南籍绸缎批发商的"武安会馆"（表2-1，20号）自谓其建筑物落成后，"同业会议有地，谐价有所"[1]，无论是"贮货"或是"谐价"，都符合批发商人的共通利益，成为其权力运作上的最大特色。有些团体的设想更周到，特别在自己建筑物里设置了经过官府颁发印烙的度量衡器，以使谈判对手不能上下其手。如"江鲁公所"（表2-1，24号）在光绪元年（1875年）的碑文上说：

> 公制砝码准秤，存储公所。每逢朔望，行客会同较准。使牙行不能取巧，客商亦不致受亏。（《苏州碑刻》，第289页-290页）

---

[1] 分见：《苏州碑刻》，第22页；第365页。

文中的"客商"，指的便是"江鲁公所"的成员，他们是来自江苏省五府的杂货批发商。在"贮货"与"谐价"的功能外，新兴工商团体还设有官定的度量衡器，以"使牙行不能取巧"，更加确保成员在与谈判对手牙行的交涉过程中，"不致受亏"。以上有关"贮货""公制砝码准秤"以及"谐价"的诸种手段，都是批发商组成团体后所常采取的集体行动，其主旨便在提升成员与商业对手谈判时的有利地位，以得到更公平或更优渥的成交价格。这是新兴工商团体的第二类型权力运作。

　　在第二类型权力运作下，批发商谈判的对象并不是民间的消费者，而且在同种商品市场里竞争的批发商人来源不一，也不限于一个批发商团体而已；因此很难认定这种"谐价"的权力运作是否必然会造成一个寡占的市场结构。以丝绸市场而论，至少便有"钱江会馆""武安会馆"两个批发商团体参与批发竞争，而来自全国其他各地的丝绸批发商，更绝不只限于这两个团体的成员，其间的商业竞争，大概也是很激烈的。要想让这些不同的团体组织与个别商人联合起来，产生一种在丝绸市场上形成的价格勾结，恐怕是相当困难的。至于说要设立"进入障碍"，用团体组织的力量限制其他批发商加入丝绸市场，更是绝对不可能的。这里面所能产生的"进入障碍"，大概便是加入此行业所需的自备资本额，没有一笔相当的资本是难以从事批发商业务的。不过，这种自然结构下的"进入障碍"是很难与新兴工商团体的权力运作扯上什么关系。

　　另外，在十八、十九世纪的苏州城还存在有一些大规模的手工制造业，如棉布加工、纸张加工以及丝织等行业。在这些行业里，同时在一个雇主的资本支配下工作的雇工，要比当时其他行业雇主支配的雇工数目高得多。以棉布加工业来说，当时有一种名为"字号"的行业，雇工人数非常多，《乾隆元和县志》（卷十）说：

> 苏布名称四方，习是业者在阊门外上下塘，谓之"字号"。漂布、染布、看布、行布各有其人。一字号常数十家，赖以举火，惟富人乃能办此。

这种棉布加工业，并不是采用一种集中工人在同一处生产的工厂制度，而是由"字号"老板提供生产原料，并或同时垫付雇工工资，分别在不同的处所，完成一系列的生产过程，类似于一种放料制的生产形态。负责漂布与染布的工作单位，有"染坊"与"踹坊"。他们的货责人虽然不是"字号"的老板，但是其原料与工资，却都是直接来自"字号"老板。就此意义而言，无论是"染坊""踹坊"的老板，以及其坊内雇用的工人，都是在"字号"老板资本支配下的雇工。以"踹坊"来说，其负责人称作"包头"，据雍正八年（1730年）的调查：

> 现在细查苏州阊门外一带，充包头者共有三百四十余人，设立踹坊四百五十余处。每坊客匠数十人不等，查其踹石已有一万九百余块，人数称是。[1]

以"踹坊"包头三百五十人，而"踹坊"踹匠一万九百人

---

① 《雍正朱批谕旨》册8，第4515页。

计算，则平均一个包头雇有五十四个踹匠。另外若以"踹坊"四百五十处来计算，则一间"踹坊"平均雇有四十二名踹匠工作。这些数字还都是单以"踹坊"来算，其他像是"染坊"以及其余与棉布加工有关的劳动工人还未计算在内。史料中说："一字号常数十家，赖以举火"，则与一个"字号"老板的资本发生雇佣关系的人数绝对在数十人以上。康熙四十年（1701年），苏州城至少有六十九家棉布字号，康熙五十年（1711年）则至少有七十二家[①]。

"字号"老板与棉布加工业的雇佣工人，既然存在着用雇佣工资支配其劳动力的紧密关系，二者间便难免出现利益的矛盾。"字号"老板的最大利益，常常是以直接克扣佣工工资最为方便，佣工则时常处在不利的地位。尤其随着当时美洲白银的大量进口，据全汉升的研究指出：十八世纪中国的物价水准，已出现了长期上升的趋势，这是中国的"物价革命"的时期。乾隆时代（1736—1795年）的米价，在整个十八世纪里，大约上涨四倍以上[②]。工资水平的僵固性很强，资本家通常不会主动调高工资水平。在此种"物价革命"的大经济环境之下，雇佣工人的实际工资所得必定会大幅度降低，使生活愈加艰辛。在其他行业里，同时受某一行业工资水平支配的劳工人数有限，但在棉布加工业则不然。大批领取同一工资水平的棉布加工业劳工，由于饱受货币工资增加率赶不上物价上升率之苦，很容易因为生活转趋艰辛而对雇主展开集体抗争，而

---

① 《苏州碑刻》，第65页；第67页。

② 全汉升，《美洲白银与十八世纪中国物价革命之关系》，收入氏著《中国经济史论丛》。所引据，分别见该书第478页–479页；第491页。

且因为其人数的庞大，劳工很快便会发现：团结起来确实颇有威力。康熙九年（1670年），"踹坊"工人便已发生大规模罢工事件，"倡言年荒米贵，传单约会众匠停踹，索添工银"①。康熙三十一年（1692年）又发生"煽惑齐行增价，以致聚众殴抢"事件；康熙三十九年（1700年），再有"千百踹匠景从，成群结队，抄打竟无虚日"，"各坊束手，莫敢有动工开踹者"②。这两次罢工事件的规模都不小。

棉布字号的老板，面对着雇佣工人集体罢工要求增加工资的严重压力，不能不有所行动。除了集体向官府请愿，要求镇压工人罢工事件之外，面对工人们为增加工资的集体抗争的压力，也使他们必须要捐弃一切商场上竞争的歧见，在此方面做更紧密的联合。尤其在康熙三十九年（1700年）的罢工事件里，工人的集体抗争策略已愈见周密，史料上说他们在罢工时，"或曰某日齐行，每匠应出钱五分、十分不等；或曰某匠无业，……每匠应出银二分、三分不等，而众匠无一不出"，③这似乎已是一种罢工基金的创设，有利于工人们做持续性的长期罢工抗争。康熙三十九年（1700年）的罢工持续有一年之久，布号老板们抱怨说："商民受害，将及一载"，④可见此次工人罢工威力之大。到了康熙五十四年（1715年），工人更开始准备筹组自己的新兴工商团体，预备向官府提出立案申请。部分发起人以"欲助普济院、育婴堂"办理同业善举为借口，模仿大部分新兴工商团体向官府申请立案的理由，发起募捐运动。棉布

---

① 《苏州碑刻》，第54页。
② 同上书，第63页。
③ 同上书，第63页。
④ 同上注。

字号的老板们大为恐慌，担心工人的力量愈发不可压制；同时更由于工人竟然将募款对象扩及到这些老板的身上，这使得他们更加气愤。"字号"老板乃集体向官府提出告诉，想以"图谋不轨"的莫须有罪名裁害工人团体，他们在状纸上写道："前议工价，每匹一分一厘三毫，案经确定，无可生发。复要各商增价，以助普济院、育婴堂之用，此岂目不识丁之踹匠所为？……倘会馆一成，则无籍之徒结党群来，害将叵测！"[1]。官府终于还是不批准工人设立专属的团体组织，这使"字号"老板暂时能松口气。然而工人自组的团体已是箭在弦上，只要工资水平不合理的问题持续存在，团体组织自然会得到工人的支持，字号老板总要面临工人团体的组织压力。乾隆四年（1739年），踹布工人联名向官府提出控诉，控告字号老板们"不遵旧例，扣克工价"。乾隆四十四年（1779年），工人再向官府申诉"请增工价"。乾隆六十年（1795年），工人不仅向官府呈递控状"请增钱串"，同时并且号召工人们罢工，众工人皆"停工观望"以为声援[2]。从康熙五十四年（1715年）踹布工人筹设新兴工商团体被禁止之后，工人的集体抗争策略，由原本两败俱伤式的正面冲突，发展出集体罢工威胁与联合向官府请愿的双管齐下策略，这似乎证明了工人们的非正式团体组织已经在暗中发挥权力运作，只是官府未承认其合法地位而已。棉布字号的老板们只有团结一致，共同在工资谈判与游说官府两个层面上与工人团体较劲。部分"字号"老板在乾隆年间（1735—1796年）组成的"新安会馆"（表2–1，15号）里，共同商议如何在这场长期的较劲赛中取得胜

---

① 《苏州碑刻》，第66页。
② 《苏州碑刻》，分见：第74页；第77页；第78页–79页。

利，这便成了此新兴工商团体最主要的权力运作。

劳资双方分别以团体组织做抗争竞赛，官府的处理态度便成为双方胜负的关键。由端布工人愿意在乾隆四年（1739年）向官府提出申控看来，官府的审理态度也并不必然一面倒向资方团体。康熙九年（1670年）的工资水平，经过端布工人的罢工抗争之后，结果是维持原价，官府判决是"照旧例，每匹纹银一分一厘"，并强调劳资双方应当各凭良心，"店家无容短少，工匠不许多勒"[①]，工人的抗争失败。其后，新的工资水平则于康熙五十九年（1720年）出现，官府特别为劳资双方做了明文规定：

> 每匹一分一厘三毫；银色九七，颁给法马三百枚。其米价贵至一两五钱，每端布千匹，加银二钱四分；米价一两二钱则止。商店给发工价，每两外加五厘，名曰捐助。委……典史、把总稽查。（《苏州碑刻》，第68页–69页）

工资由原来的"一分一厘"上升到"一分一厘三毫"，为了防止布店老板在银两成色上动手脚克剥工人，并特别规定"银色九七"。同时，官府也考虑到通货膨胀的影响，依米价波动程度加发工资。至于那"每两外加五厘"的"捐助"银两，自然也有改善端布工人生活的作用。最后，官府还特别派"典史"与"把总"等官吏监督工资，使资方要按此新办法给发。这个判例多少都对工人生活起了正面功能。乾隆四年（1739年）时工人主动向

---

① 《苏州碑刻》，第54页。

官府提出控诉资方的陈情，基本上仍是相信官府有一定仲裁功能的具体表现。然而"字号"老板们的团体组织亦不会在工资水平上轻易地再做让步，由康熙五十九年（1720年）这项新工资办法颁布之后，直到乾隆六十年（1795年）为止，官府只为工人在银钱比价问题上争取到一些保障，规定"陈平九八兑九六色银"的银钱比价，使工人比较不会在银两工资替换铜钱工资上吃亏，至于原来"每匹一分一厘三毫"的工资水平则一直未见调整[①]。端布工人至少在道光五年（1825年）又发动了一次激烈罢工，"散布传单，勒令各匠停工毁物"[②]。可见此时劳工不再对官府心存太大的希望，这固然是地方官员施政理民的失败，但又何尝不可说是字号老板所组新兴团体在权力运作上的成功，显然官府已比较乐意接受资方团体的游说。

在应付劳方团体的增资压力之余，棉布字号的老板开始又逐渐面临新的困扰。原本那些常和资本连成一气的棉布加工单位负责人，他们的独立性已越来越高，逐渐与"字号"老板产生对抗。道光十二年（1832年）与十四年（1834年）都发生了"踹坊"坊主意图把持棉布加工生意，"不准"布号老板改换"踹坊"加工棉布的案件。官府接受两造的申诉，在判决文书中，其立场非常明确："坊匠踹不光明，岂竟不能更换！任其（按：指"踹坊"坊主）把持垄断，殊非平允！"，官府并且特别强调："百工艺业，首禁把持"[③]，下令："永禁（踹）坊户私议随牌名目，布匹应听布号自行择坊发

---

① 《苏州碑刻》，第79页。
② 同上书，第268页。
③ 向上书，第81页。

端"①。只要布号老板认为"踹坊"坊主的成品品质不合格，他便有权另换别家踹布。这是官府所维护的自由竞争的基本市场秩序。布号团体当然也能在对抗某些意图把持棉布加工业者方面，发挥正面积极的功能。从此点看来，布号团体有利维持棉布加工业市场的自由竞争状态，品质好效率高的棉布加工单位能自同侪中脱颖而出，获得更多来自布号商人的订单，而质量差效率低的单位只有被自然淘汰。无论是对踹布工匠，或是对踹坊坊主的抗衡，布号老板组成"新安会馆"以后，其发挥的权力运作，都使得成员在抗衡行动上可以赢得上风。然而，这种团体组织的权力运作并不包括限制成员彼此的商业竞争，对于加工单位的技术创新也没有什么阻碍的作用。成员不过是在对抗劳工团体的过程中，找到了彼此的利益整合点，终于得以在压低工资成本上共同合作，展开团体组织的权力运作。至于成员彼此在其他方面的商业竞争，很可能是各展手段，相当激烈的。《三异笔谈》记载十七世纪左右一位棉布字号老板的商业竞争诡计：

> 新安汪氏，设"益美字号"于吴阊，巧为居奇。密嘱衣工，有以本号机头缴者，给银二分。缝人贪得小利，遂群誉布美，用者竟市……。二百年间，滇南漠北，无地不以益美为美也。②

---

① 同上书，第80页。
② 许仲元，《三异笔谈》，转引自谢国桢编，《明代社会经济史料选编》中册，第97页-98页。许仲元乃十九世纪初年嘉道时人，所记"益美字号"之事，当为十七世纪清初的事例（见：傅衣凌，《明代江南市民经济试探》，第130页）。

这位姓汪的棉布商人，耍了一手商业宣传的诡计，以小利诱使市场上的加工业者为其所开的"益美字号"造势打品牌，结果获得成功，其产品得以享誉棉布市场达二百年之久。新兴工商团体在限制成员的商业竞争方面，应是不易发挥什么权力运作的。这便是第三类型权力运作的风貌。

新兴工商团体的第四类型权力运作风貌，则表现在团体成员试图达到寡占市场的目的上。这种权力运作多半与一些小规模的工商行业有关。这类行业的市场容量相当有限，通常都以苏州城附近居民为主要的消费对象。由于市场容量有限，行业中的一些工商业者乃对自己的营业空间十分计较，深恐有限的市场容量会被新的竞争同行给夺去，更怕同业间发生杀价竞争以致彼此同归于尽的可怕结局。新兴工商团体的成立，给予该行业部分业者尝试垄断市场的好机会。团体组织能提供的此类权力运作，通常有两大项目，一是设立人为的"进入障碍"，一是在价格上做联合勾结。前项主要目的在于限制该行业新竞争者的加入，后项则着眼在防阻同业的杀价竞争。这类资本额通常很有限的行业，因为没有较大的能力承受竞争带来的阵痛或威胁，所以由这种性质的行业业者组成的团体组织，莫不以减少旧同业竞争以及防阻新同业加入为最主要的权力运作风貌，企图建立一个低竞争风险的寡占市场。

自十九世纪末年以来，许多学者都对当时中国这一类型权力运作的工商团体很感兴趣，积极搜集了许多相关的团体组织规章。这类成文规章一般都被称之为"行规"，由这些"行规"上，可以看到该类工商团体在权力运作上的大致风貌。至今为止，以日本人在1907年编成的《中国经济全书》第二辑，以及彭泽益编辑的《中国近代手工业史资料》两种史料，对此类行规的搜罗数目最多[1]，唯可惜两种史料都没有搜罗到苏州城的此类行规。《苏州碑刻》里，比较完整的此类行规有下列六份：道光二十四年（1844年）"小木公所"行规六十条、同治九年（1870年）"浙绍公所"行规二十一条、光绪二十年（1894年）"绚章公所"行规五条、光绪二十一年（1895年）"梳妆公所"行规十三条、光绪二十四年（1898年）"采绳公所"行规六条以及光绪三十二年（1906年）"安怀公所"行规十条。这六份行规[2]，依次分别由小木作业、哺布染坊业、蜡笺纸业、红木梳妆业、缠绳业以及银楼业等六种行业团体所议定。其他团体组织的此类行规，则零散地掺杂在一些相关碑文里。由这六份完整的行规及其他零散的一些碑文资料，可以看到有关新兴工商团体第四类权力运作的风貌。

第四类型的权力运作方式，大概可分为设立进入障碍以及形成价格勾结两大类。形成价格勾结的方式比较简单，一般包括有工资与商品售价两方面的勾结。"坤震公所"的成立碑文上写得比较直率：

> 窃经营商业，首重公平，故各业皆有社会，创立公所。由董事组织，评定甲乙价目，公道贸易。（《苏州碑刻》，第278页）

---

[1] 东亚同文会编，《中国经济全书》第二辑，第627页–722页。彭泽益编，《中国近代手工业史资料》第一卷，第179页–198页；彭泽益，同书，第二卷，第489页–496页。

[2] 《苏州碑刻》，分见：第136页；第83页–84页；第104页–105页；第139页–140页；第224页–225页；第175页–176页。

"评定公平价目"便是在商品售价上的联合勾结。以"公平"名之，一方面是这样比较不会引起消费者的不满或者是官府的干涉，一方面也实在是业者经不起杀价竞争。"坤震公所"在宣统元年（1909年）才组织成功，发起人在碑文上自述了未设团体前该业经营上的艰难："互相倾轧，受耗无穷，以致亏本倒闭者年有所见"[①]。可见该业在商品价格上的勾结似乎要到二十世纪初才勉强成功，而此下究竟能勾结多久，团体的权力运作是否持续有效，还是未知数。其他团体在商品售价上的联合勾结，应该仍有不少，只不过未曾将其权力运作形诸组织规章等文字而已。但要注意的是，不是所有的新兴工商团体都有此项权力运作，只有在一些市场容量太有限而本身资本额又小的行业里，才比较容易产生此种利益整合的权力运作方式。

　　在某些手工业作坊里，除了商品售价之外，坊主也很容易在劳工工资上达成勾结。其作用当然在避免业者在工资给付上做加价竞争，产生不必要的劳工流动，影响到自己的利益。与第三类型权力运作不同的是，使用第四类型权力运作的业主几乎很难碰到激烈的劳工反弹的集体抗争行动。因为这些行业的雇工人数太少，即使受到同一低工资水平的剥削，也很难给业主形成太大的压力。对于此类业主而言，划一劳工工资也不必要等到团体成立才办得到，这并不是其团体主要的权力运作。团体的成立，不过是让成员的工资价格勾结更公开化而已。笼统说来，划一工资当然也可以与协议商品售价一并归在形成价格勾结的这项权力运作里。

---

① 　《苏州碑刻》，第278页。

形成价格勾结之外，另外一项利益整合的方式就比较复杂，可以统称之为设立进入障碍。这方面常用的手段大致有征收会费、协议收徒规则、订定徒弟满师年限以及控告其他行业抢夺本业生意等四项。在《中国经济全书》以及《中国近代手工业史资料》二书里，还可以看到平均分配原料、限制店铺开设地点等手段，但这在《苏州碑刻》里都未见到，故对此暂不讨论。

　　征收会费的规定，是某些新兴工商团体借以达成设立进入障碍的主要手段。这在"小木公所"与"梳妆公所"二个团体上最明显。前者的行规里，分别对"外行开张吾业""外来伙友开张""本城出师开张""要带本地之徒"四种情况，征收四两八钱、四两八钱、二两四钱以及五两不等的会费[①]。后者的行规，则规定更多，分别对"外方之人来苏开店""外方之人来苏开作""本地人开店""本地人开作""欲收学徒"以及"学徒满师成伙入行"六种情况，征收二十两、十两、二十两、十两、三两二钱与六两四钱不等的会费[②]。简单说来，其征收会费的对象包括有想要加入本行业的新业主、加入本行业工作的新伙友以及想要添收学徒的业主三类。另外，在"绚章公所"的规文内，则特别规定有"每做手伙友一人，辛工月内抽捐钱五十文"[③]，可见该团体的伙友级成员，每月都得交纳五十文钱的会费。无论对于新业主或新伙友而言，在开张或工作前交纳一笔固定数额的金钱，或多或少都是一笔不小的负担。对于资本不多以及薪水低微的业者，强迫他们一定要拿出这一笔钱来，可以达到在本

---

①　《苏州碑刻》，第136页。
②　同上书，第139页–140页。
③　同上书，第104页。

行业设立进入障碍的目的，保障团体成员对于既得利益的垄断。

新兴工商团体的征收会费，不必然是为了要设立进入障碍。如银楼业"安怀公所"行规中也有"如有新创铺号，须酌量成本，捐助公所经费"①的规定，它虽然也要求交纳会费，但对想开设银楼业的业者来说，要想透过此种手段阻止其加入市场竞争，实在是很不切实际的。毕竟，既然有资本经营银楼业，难道会因为拿不出会费而延迟了开业？但是对于小木作业与红木梳妆业的这类行业来说，透过"小木公所"与"梳妆公所"征收会费的手段，应该会使一些原本勉强可以凑足资本开业的新业者受到阻碍，达到团体组织设立进入障碍的效果。

但是，这类工商团体如何能保证同业遵守这项交纳会费的规定，却是团体决策者不能不费心思量的问题。毕竟新兴工商团体是种民间自愿结社而形成的团体组织，官府法律也从未强制工商业者加入其中。然而，若团体组织不能强迫所有该行业业者加入，征收会费便无法普及该行业的全体业者，则设立进入障碍的目标便无法达成。换句话说，新兴工商团体能否具备实施强制入会原则的权力，是该团体能否有效设立进入障碍的关键，这是团体决策者要大费周章妥思计策的根本问题。

官府法律既然不支持新兴工商团体的强制入会原则，有心在设立进入障碍目标上动脑筋的团体决策者，只好投官府与舆情之所好，要些手腕。最常见的手腕，便是假借办理同业善举的公共事务。如"梳妆公所"在请求官府核准其征收会费的行规的合法性

---

① 《苏州碑刻》，第176页。

时，便强调要办理同业善举："议规十三条，均为善举而设"，官府的批示文字上则写着：

> 把持行市，律有专条……惟……善举攸关……倘有外来同业，阻挠乱规，有碍善举情事，许即指名禀县，以凭提究。
>
> （《苏州碑刻》，第139页）

官府虽然重申了工商业者不得"把持行市"的禁令，强调自由竞争市场秩序不得破坏，任何人都有权自由地加入市场做营业竞争，但是已经给予某些新兴工商团体设立进入障碍的可乘之机了。这类工商团体巧妙地将自己征收会费的行规与办理同业善举连成一气，强调这笔会费是用来救济同业之用。官府在认可了办理善举是件值得鼓励的公共事务之后，等于也间接承认了该工商团体征收会费的合法性，使得团体的行规连带具备了若干程度的强制性。自此，团体决策者便随时可以在同业有人拒交会费之时，指控其妨碍团体举办善举的公共事务；如果善举因经费不足而办理不下去，拒交会费的业者便要负起"有碍善举"的责任。官府既然支持工商团体举办善举，便做成了诸如"倘有外来同业，阻挠乱规，有碍善举情事，许即指名禀县，以凭提究"的判例，团体决策者用这种巧妙的手腕，终于间接获得了强制征收会费的"合法性"。"梓义公所"的决策者也用了同样的手腕，使官府做出"事属善举，同业人等自当和衷共济，毋得故远滋衅"的判例[1]，间接使团体的决策者有了

---

[1] 《苏州碑刻》，第122页。

要弄强制性行规的权力基础。"三义公所"决策者强调"各项生业，置冢设局，周济同业，在在皆有"，将自己的行规尽力与办理善举等同起来，"呈请立案遵守，以期周妥"①，耍的也是同样的手腕。

然而，靠这种办理善举以博取官府支持自己强制性行规的手腕，也不是无往不利的。同治三年（1864年），有一个叫作"烟业公所"的团体，便被一群不愿意交纳会费的同业控告。这些不愿交钱的业者，在状纸上点破了"烟业公所"的手腕，指控该团体"以办善举为名，勒派钱文，把持垄断"，官府乃做成了如下的判决：

> 查各行铺动以公所为名，借端敛费，扰累商旅，最堪痛恨。……仰烟业铺户、伙匠人等知悉：自示之后，毋许再行私立公所，擅设行头、店总名目，巧为苛派勒索扰累，把持垄断情事。如敢故违，定即从严惩办，决不宽贷。（《苏州碑刻》，第293页）

"百工艺业，首禁把持"，这是官府从未放弃的维护自由市场的判案法理。某些新兴工商团体可以用办理善举的堂皇名义，"骗取"官府对其强制征收会费权力的支持。不过，此种支持的权力基础实在也颇为脆弱，对于那些不想交纳会费的工商业者来说，他们同样也可以设法说服官府，戳破那些强迫他们交钱的工商团体的堂皇借口，控告其"以办善举为名，勒派钱文，把持垄断"，要求官府援引"首禁把持"的法律，保护他们的自由营业权，达到拒交会

---

① 《苏州碑刻》，第259页–260页。

费的目的。官府得到"查各行铺动以公所为名，借端敛费……最堪痛恨"的认知，这也是不难想见的结果。毕竟官员也不是傻子，工商团体决策者的巧妙手腕难免有时而穷。强制入会原则无法获得强固的法律权力做支持，征收会费的手段便要大打折扣。

　　某些工商团体欲借此设立进入障碍的主观意愿，一直缺乏稳固的合法权力撑持，其实际成效是不能太高估的。韦伯曾说："尽管未经政府认可，事实上对其成员往往也握有绝对的裁判管辖权"，工商团体虽然在行规上没有强制入会的要求，但工商业者"计及其生命的危险，便不能不加入"。[①]韦伯认为工商团体的强制性行规虽然没有法律做权力基础，但却具有赤裸裸的暴力权力，团体可用暴力威胁不交会费的工商业者。这是颇有问题的论断。第一，中国都市并不是个没有法律秩序的丛林，相反地，它还是国家军政力量的中心，尽管暴力犯罪不能根绝，但官府法律绝不会坐视弱肉强食的丛林规则大肆其道，没有任何个人与团体可以不预估暴力行动的法律制裁后果，更何况是具备家业资财的工商业者。第二，新兴工商团体绝不是类似秘密帮派的团体组织，它是经过政府正式立案保护产权的合法组织，不是半独立于官府治权之外的暴力集团。对以上两点认识不清，才会做出这种错误的论断。新兴工商团体决策者的确可以在强制性行规上获得某种权力基础，而这种权力基础主要却是来自官府法律某种程度的合法权力的支持，不是暴力性质的赤裸权力。然而，此种合法权力的基础却又是不稳定的，它是借由办理善举等非经济垄断性质的堂皇名义，而暂时赢得官府法律的支持。

---

① 韦伯著，简惠美译，《中国的宗教：儒教与道教》，第81页。

所以，这种合法的强制权力，绝对不是强固的难以撼动，团体外的工商业者始终有很大的法律诉讼空间，去抵抗强制入会原则的权力运作。

在征收会费之外，第四类型权力运作常用以设立进入障碍的手段，还有协议收徒规则以及订定徒弟出师年限。"浙绍公所"行规上规定："议徒弟五年准满，六年准留，不准私留"；"绚章公所"行规上写着："六年准收一徒"①。分别代表了订定学徒满师年限以及协议收徒规则两种手段。这两种手段，大体上只在资本额较小的手工制造业里出现。尽管订定徒弟年限也可以说是为了保障（或剥削）徒弟的权益，但其作用主要还是在保障伙友的权益。延缓徒弟成为伙友的时间，可以保障该业伙友的工作机会。所以，对工商团体的伙友成员而言，订定徒弟满师年限有替他们设立进入障碍的功能。

协议收徒规则的作用，主要是团体里老板级成员间的君子协议，以防止老板滥用学徒这种廉价劳动力。一般手工制造业里，雇用伙友要比收徒弟多花工资成本，而学徒却很快便能训练成具备一定水准的工作技能。在愈不需要困难技术的手工业里，若是愈多收徒弟，老板所省下来的成本开支便愈大，在市场上的价格竞争能力便愈强。在人口众多而且城乡人口流动自由的中国社会里，学徒市场总是供过于求的。如果手工业老板竞相采用学徒参与劳作，则不仅该业伙友的工作机会骤减，老板也难以保证其制造成品没有每下愈况的结果。因为，虽说伙友的技艺不必然比学徒高明精细甚多，但这时的生产技术仍非以机器操作为主流，伙友还是掌握若干非学

---

① 《苏州碑刻》，分见：第84页；第104页。

徒在短期内所能学到的手艺。老板大量采用学徒从事生产，从短期看，可以靠更廉价的成本夺得更高的市场占有率，但从长期看，所有老板竞相改用学徒降低工资成本的结果，则会使商品品质低落，消费者终将失去购买的意愿。老板们可改用更多的学徒，以低价吸引消费者，但商品质量的持续下降却将使消费者失去信心。从长期的效果来看，大量使用学徒与盲目的杀价竞赛，二者之间有同样严重的杀伤效果，所有老板都可能两败俱伤甚至导致破产。所以，一个有秩序的收用学徒速率，是所有同业老板不得不坦诚协调的严重问题。更何况还有同业中为数不少的伙友，他们更无法忍受老板脱序收用学徒导致他们失业的下场。协议收徒规则的产生，便是老板成员以及伙友成员对于收徒速率的共同协议。这份共同协议一旦产生，团体组织便发挥其权力运作，阻止老板成员超速收用学徒，从而在该行业的学徒市场上，建立起进入障碍。这是一份成员间的君子协议，达成收徒速率的协议不仅使伙友们可以稍减对丧失就业机会的恐惧，更重要的是，老板们也可对彼此间潜存的恶性竞争加以抑制。

这份君子协议，当然只是工商团体自身权力运作的产物，收徒规则与徒弟满师年限，都只是团体成员私下协议的结果，不是官府法律正式承认的权力。这两种建立进入障碍的手段，当然对学徒很不利，限制了学徒市场的需求面。但是学徒市场上的准学徒们，由于还没有共同的利益可资认同，彼此缺乏互动的基础，难以结成团体组织，无法对官府产生游说控诉的效果，根本无法对新兴工商团体此种权力运作构成挑战。在这种情势下，只要新兴工商团体成员不起内讧，这两种权力运作大概都能被官府视为民间习惯而默许其权力运作的合法性。

然而，这份君子协议的权力基础仍然不是很稳固的。在那些具有此项君子协议的团体组织里，老板成员对收徒速率的矛盾始终存在，长期间产生的恶性竞争的可能后果，不见得都能吓阻短期间带来利益的诱惑。收徒竞赛也就像杀价竞赛，总有一些老板会为了短期利益而不顾长期后果的。尤其在一些老板成员间贫富差距较大的团体组织里，这种君子协议的稳定性便更为脆弱。某些同业手工业作坊中，作坊老板的资本规模不一，大作坊主与小作坊主的区分颇为明显。虽然他们共同参加了新兴团体，制定了一份收徒规则的君子协议，但在贫富差距上的状况却不会因为大家参加结社而改变。较贫穷的小作坊主，要想扩张自己市场占有率的一个便利办法，便是多收学徒，用自己有限的资本，支配更多的廉价学徒劳动力，以增加产量，降低成品售价。小作坊主向大作坊主挑战，设法缩短彼此间的贫富差距，这是必然的利益冲力。如果这冲力强到使小作坊主不顾收徒竞赛的长期后果，团体成员间的君子协议便受到严重的挑战。君子协议一旦破裂，成员之间的利益整合便无法维持，冲突势所难免。

这种肇因于收徒速率协议破裂的冲突，实际上是时常发生的，而且有的还可能演变得十分激烈。最有名的例子，是发生在同治十一年（1872年）的金箔手工业。该业业者于道光十六年（1836年）已创建了"丽泽公局"，成为该业的新兴团体组织。同治十一年（1872年）十一月十四日，发生了一名该业作坊主被同行业者活生生咬死的惨剧。同年十一月二十一日的《申报》上，记载此惨剧来龙去脉甚详：

苏州金箔一作……每一字号之中，只准留学生一名以习此业……该行中，向来规例如此……。乃有双林巷开金箔作之董司，已犯成例，不与众谋，另收一徒。同行中之人闻之，无不大怒，强行禁止。该董司不从，且赴县署控告，谓其同业把持。邑宪堂讯两造，谕以该业私立规条，本非国例所当管办，特既有此规条，则将来宁勿犯之，以免拂人心而肇衅端云云，此案姑免深究焉。乃董司因此遂任意不肯改从，仍收其徒而不遣，且又结衙役为护符，自以为同业虽多且横，可以无奈我何矣。众工匠俱各愤怒不平，其势汹汹，会集定计。召董司者于某日来公所议事……（董司）甫到公所内，见有一二百人早已聚集，见董司既已入门，遂……紧闭公所之门……但闭门内呼号之声甚惨、喧斗之声甚厉……邑宪至，破门而入，则见一裸尸系于柱侧，自头至足，血肉模糊……而此一二百人者……既不哄散，亦不畏惧，视其唇齿之间，则皆血污沾染，如出一辙焉……于是（县令）令闭大门，使众无逃逸，皆就擒焉。……呜呼！奇酷异惨矣哉。

　　这位金箔作坊“董司”，只因为破坏了“丽泽公局”成员协议的收徒规则，擅自增收了一名学徒，便引发成严重的冲突。该名“董司”不仅毫不遵守团体原来的君子协议，更且控告那些阻扰他收徒的作主与伙友，理由是“谓其同业把持”。官府的办案态度显得很乡愿，一方面认为该团体的收徒规则，只是“私立规条”，官府法律没有代替其执行的必要；可是另一方面，还是劝该名“董司”最好还是息事宁人，“以免拂人心而肇衅端”。最后的判决是：

"此案姑免深究焉"，既不认为"丽泽公局"的行规触犯了"把持"的罪名，但也不以为该"董司"破坏行规是有罪。结果，"董司"依然增收学徒，完全不理会团体组织的收徒规则。团体其他成员完全无计可施，愈益"愤怒不平"，终于采用集体暴力的手段，将"董司"骗至团体组织的建筑物，由一二百名团体成员将其活生生咬死。《申报》记者做了以上的报道，也不禁要慨叹道："呜呼！奇酷异惨矣哉。"这些金箔手工业者为什么会如此残忍？只因为同业多收一名学徒便将其活生生咬死，实在令人吃惊。当时一位学者陈其元也记载了此事，并且对这件惨案有一个解释：

> 小说家无稽之语，往往误人。岳传载张浚陷害岳武穆，后为诸将咬死。于是，吴俗遂有"咬死人不偿命"之说。……先是，业金箔者以所业微细，自立规约，每人须三年乃授一徒。盖以事此者多，则恐失业者众也。其时有无赖某者，以办贡为名，呈请多援学徒，用赴工作。既得批准，即广招徒众。来从学者，人赞六百文。一时师之者云集。同业大愈，于是援"咬死不偿命"一言，遂往持其人而咬之，人各一口，顷刻而死。吴县令前往检验，计咬伤处，共一百三十三口。①

那位破坏"丽泽公局"有关"三年乃授一徒"收徒规则的"董司"，在此段文字里被改称为"无赖某者"；他的破坏收徒协议的做

---

① 陈其元，《庸闲斋笔记》（有同治十三年序）4/5。另外，黄钧宰《金壶七墨》也载有此事（见《逸墨》卷二，"金箔作"条），所叙略同，而且文意中，亦不见有任何谴责此惨案该由工商团体负责的意旨。

法，也不只是《申报》所说的"不与众谋，另收一徒"，而是"广招徒众……一时师之者云集"。这种举措，不但将增加该名"董司"作坊的金箔制成品产量，改变原有的市场占有率，使其他作坊主大受威胁。如果其他作坊主也同时跟进，该业所有伙友便势必被工资低廉的学徒所大幅度淘汰。此时，那些气愤君子协议被人单独破坏的作坊主，以及特别是那些深感就业机会岌岌可危的伙友，必定是十分焦急。可是，"丽泽公局"的行规得不到官府法律的积极支持，成员们便没有力量制止别人执意破坏自己的行规。最后，在失去理智之下，有些成员喊出了平日在民间说书《岳飞传》里听过的"咬死人不偿命"的小说家言，设计骗出了该名"董司"，"持其人而咬之，人各一口，顷刻而死"，这桩残忍的悲剧于是发生。陈其元在记述此事件之后，不是谴责"丽泽公局"行规的严酷，而是深憾"小说家无稽之语，往往误人"。

新兴工商团体的决策者，主要是各店铺与作坊的老板，不是他们所雇请的伙友。而在阻止团体成员破坏收徒规则时，激烈的暴力冲突，却往往是出诸伙友成员。一来因为他们对就业机会的丧失感受最迫切，二来因为他们多半不似老板成员饶有资财，行事前往往较少顾及可能的法律制裁。这是为什么收徒冲突有时可以上升到十分激烈的最主要原因。

作为团体组织决策者的老板成员，有时候也会根据自己的利益需要，巧妙地利用伙友成员间的冲动，将其作为当官府不愿意支持其收徒规则时一项制止同业老板超速收徒的有力武器。光绪十五年（1889年），蜡笺手工业者爆发了收徒冲突。一些资本较小的小作坊主，联合控告伙友用暴力手段阻止他们增收学徒，"将做手拉出，不准工作"，使其"停工月余，生计攸关"①。这个冲突似乎持续了四五年之久，到了光绪二十年（1894年），一份新的收徒协议似乎才被妥协出来。在这份新协议里，将收徒速率定为："六年准收一徒"，同时又附加一条：如果作坊老板能按照作坊内伙友一人每月抽捐五十文的办法交纳公积金给团体组织，只要所交公积金累积到一万二千文钱，作坊老板便可以不按"六年准收一徒"之规定，先期增收学徒。这便成为该业"绚章公所"新的收徒规则。在这份行规里，团体决策者特别强调：

> 大作伙友众多，易于集捐，未及六年，捐已盈数。向议捐至十二千文，随即收徒，非在六年之限。均无借口紊乱，以示大公之意。（《苏州碑刻》，第104页）

很明显，这种收徒规则有利于大作坊主维持其工资成本的优势地位。虽然他们承认"大作伙友众多，易于集捐"，所以增收学徒的速率会比小作坊主快，往往不要六年便可以加收学徒，似乎有点不合理，但是他们仍要强调自己"均无借口紊乱，以示大公之意"，这真的是此地无银三百两的写照了。光绪十五年（1889年）发生的部分伙友强阻小作坊主收徒的冲突事件里，极有可能是大作坊主在幕后遥控的，以防止小作坊主超收学徒，防止小作坊主也运用低工资成本优势来和自己争夺市场。大作坊主有心维持优势，小作坊主自然是心有不甘，在大小作坊主间的收徒竞赛之中，伙友便成为他们

---

① 《苏州碑刻》，第116页–167页。

摆弄操纵的工具。从这个角度看，在新兴工商团体此类限制收徒的权力运作里，大作坊主、小作坊主与伙友之间，似乎存在有一种微妙的制衡关系。虽然官府法律不积极支持其权力运作的规章，但这种微妙的制衡关系，可能便是此类权力运作得以约束团体成员行动的权力来源。如果增收学徒是作坊主扩大投资的唯一方式，则工商团体此类收徒规则的权力运作，的确具有某种程度的抑制效果。

不过，此种抑制效果对于小作坊主是较不利的，大作坊主却常有一套便利自己的巧妙办法来突破此限制。新兴工商团体基本上是种"公同财产"的集合，对团体捐献多的成员，自然容易争取到决策权，协议出较有利于己的权力运作规章。要这些决策者制定绝对性自缚手脚的规章，别说官府法律不见得支持，就是他们自己也不会如此愚蠢。彭泽益十分强调新兴工商团体限制成员任意扩张资本规模的权力运作，认为"这对于再生产过程，无疑起着严重的制约作用"。[①]这大概是将此类团体内部那种制衡关系的权力强度过分高估了，因为这种权力均衡状态实在也不是不容易突破的。小作坊主可以轻易地用"把持"罪名控告强阻他们增收学徒的伙友，大作坊主更可以控制新兴团体制定出有利于己的收徒规则。到了大小作坊主都愿意多收学徒以降低工资成本的时候，更可以联手对付那些不满的伙友，直接请求官府制止伙友的反弹暴行。以老板成员为决策者的新兴工商团体，不可能一面倒向支持伙友成员缓收学徒的权利主张。在官府根本不可能全力支持工商团体的行规时，成员内部纵横捭阖的权力制衡关系，绝对不是难以抗拒的稳固权力。所谓"无

---

① 彭泽益，《中国行会史研究的几个问题》，《历史研究》1988：6（1988，12），第17页。

疑起着严重的制约作用"，实在是站不住脚的论断。

在限制收徒速率的权力运作上，团体决策者还有伙友可以做摆弄的棋子，至于攸关营业竞争其他方面权力运作的基础便更脆弱了。归根结底，新兴工商团体第四类型权力运作的脆弱性，便在于它是一种自愿组合的利益团体。当团体成员利益不再能有效整合时，官府的诉讼大门永远是为那些不愿遵守团体行规的工商业者敞开，可以设法游说官员以求做出保障自己权益的判决。在官府法律的面前，新兴工商团体自己议决的行规，一直没有支配其团体成员的绝对合法性。《申报》上记载苏州那位地方官员所说的："该业私立规条，本非国例所当管办"，事实上正是当时官员审理这类行规纠纷的基本态度。评估新兴工商团体第四类型权力运作的实际效果，这点是不能够忽略的。新兴工商团体成员不是一种流氓帮派的组织，他们不能不权衡一切行动的法律制裁后果。尽管生活资产较缺乏的伙友可能是诉诸赤裸暴力的潜伏性的不稳定因素，但伙友毕竟不是无所顾忌的流氓，将一件偶发性的暴力犯罪事件夸大为制度性暴力权力基础的反映，终难令人相信。

除了征收会费、订定徒弟满师年限以及协议收徒规则之外，控告其他行业抢夺本业生意，也是新兴工商团体借以设立进入障碍的手段之一。同治六年（1867年），首饰店业者控告铜器包金业者抢做其生意，强调自己是专做"首饰包金"，而后者是"专做军装铜物包金"。官府采纳了首饰店业者的观点，认为两种行业是"判然两途"，判决"应仍各归各业，不准搀夺立行霸业"①。所谓的

_____

① 《苏州碑刻》，第166页–167页。

"抢做生意"，在程度上可有很大不同。同治六年这件案例，铜器包金业者不仅想要抢做首饰店业者的部分生意，而且更还"自立行头，勒令入行"[1]，简直就是要将首饰店业者已有的团体组织强纳入自己团体的行规控制之下，这当然是首饰店业者无法容忍的事，也严重触犯了"把持"的法律禁令。所以官府毫不迟疑地判决铜器包金业者不得"立行霸业"，抢夺首饰店业者的生意，如果还仍"立行霸业"不止，"一经访闻，或被告发，定即拿究惩办，决不宽贷"[2]。可见，如果有业者大举入侵其他行业的生意，官府一定是帮助被侵犯的一方维护其权益。新兴工商团体的成立，可以借助集体向官府呈情控诉的手段，防止自己行业利益被团体外业者大规模侵夺。地方官府确实也在维持一种适当的市场秩序，不准工商业者"把持"或是"立行霸业"。传统官府并未将经济领域管控权让渡予工商业团体等民间社会势力。

光绪二十四年（1898年），在修理丝织机器的手工业者之间发生了一件诉讼案件，这也是部分业者试图设立进入障碍的例子。当时，这些机器修理业者一向分为"结综掏泛""捶丝""牵经接头"以及"上花"等四种行业，彼此"各归主顾，不得紊乱搀夺"。该年前后，由于某些业者抢做了"结综掏泛"的生意，在协调不成之后，"结综掏泛"业者乃向官府提出告诉，认为别人抢夺了他们的生意，使他们生计大受威胁。状纸上说：

似此紊乱成规，有意侵夺。身等靠此养家糊口，别无生

① 《苏州碑刻》，第166页。
② 同上书，第167页。

计。以己之心，度人之心，其何以堪！若不环求示禁，恐群起效尤，占无底止，则身等情同绝命。为此情迫，环求伏乞电察下情，俯准立案，并请……出示谕禁，俾得各安生以，顶德无既。（《苏州碑刻》，第47页）

官府接到状纸后，首先考虑的问题是："各归主顾，不相搀夺，果否向章如是，抑系意在把持？"最后官府的判决文上写着："数十年来，向章如此，并无意存把持。……自示之后，务须各归各业，不得任意搀夺。倘再有人揽做索占，致坏成规，许该民人等指名禀具，以凭提究"[①]。官府的此项判决理由，似乎是颇为牵强。所谓"数十年来，向章如此"以及"并无意存把持"之间，似乎没有必然的逻辑因果关系。这一方面当然反映了官府多少给予民间商业习惯一定程度的尊重，但另一方面恐怕还与官府对于申诉人弱势经济地位的认定更有直接的关联。提出控诉的手工业者，在状纸上强调着"身等靠此养家糊口，别无生计""若不环求示禁……则身等情同绝命"，这恐怕才是影响官府判决他们胜诉的最主要理由。不是只因为该行业有"各归主顾，不相搀夺"的习惯，所以官府便无条件支持其设立进入障碍的主观意志。光绪二十一年（1895年），"梳妆公所"也为此类纠纷和别人打官司，虽是"梳妆公所"最后打赢了官司，以"阻挠乱规，有碍善举"的名义，获得官府对其他行业业者欲操此业时，也应交纳行规钱的支持，但在判决书上，官府再度强调了判案的基本立场："把持行市，律有专条。若欲

---

① 《苏州碑刻》，第47页。

强分疆界，垄断居奇，万难准行"①，并未以外行"夺业"为不合法。可见新兴工商团体若欲发挥第四类型权力连作，借控告他业抢做本业生意的手段建立进入障碍，还是要多苦思些能够说服官府的借口。官府并不会太轻易支持其权力运作，随便放弃法律上"把持行市，律有专条"的判决立场。若说传统官府已将经济领域管控权让渡予工商团体，任其驰骋垄断经济之权力，还是与事实不符的。

总之，无论是设立进入障碍，或是进行价格勾结，这些都只是新兴工商团体在第四类型权力运作下，属于团体组织自己的主观意志而已。能不能发挥效果？对成员与非成员的制约力量到底有多强？这些都不是团体主观意志便能完全决定的。团体的这些主观意志可以透过成员内部巧妙的权利制衡关系，或是透过"情向绝命"的哀兵姿态，或是举办善举请求官府支持的借口，使其权力运作获得一定的合法权力基础。但是，无论如何，这类型权力运作的行规，其在限制市场自由竞争的真正合法性地位上，却从未得到官府法律的认可，始终要面临被以"把持"罪名审判的威胁。在一个司法审判权完全集中统一国家的社会结构里，没有任何个人与团体可以自外于国家法律的束缚之外，政治领域是如此，经济领域也不例外。禁止"把持"一直是十八、十九世纪官府法律从未弃守的审判法理，官方法律上说："把持，把执持定之意，……如俗所谓强买强卖而又不许他人买卖也"②。所以，类似进行价格勾结或是设立进入障碍这种寡占市场的行径，始终有被控告的可能，寡占市场下的权益受害人始终可以堂皇正大地提出控诉，透过法律途径合法地游

---

① 《苏州碑刻》，第139页。
② 《大明律集解附例》，10/3下–4上，第898页–899页。

说任何政府官员，以保障符合自己利益的自由营业权①。官府究竟会支持工商团体内外的哪一方面，这需要累积许多的判案、判例，才能有更周密的答案。尤其因为现存碑刻史料的特殊性质，通常是工商团体胜诉的判例，才有机会在石刻上保留下来，其他的不同判例极有可能就被湮灭掉了。但无论如何，政府宣示的"把持"禁律，其作用总该正视。

---

① 卜乐庭（T.R.Bradstock）也看到政府官员对于工商团体的独占企图并不必然地支持，工商团体总要设法将自己的企图"合理化"，以突破官府"禁止把持"的法令限制。判案官员并非愚人，只要官员认为该工商团体的垄断企图实在不是为了维持基本生计那么简单，则工商团体的计谋便难以得逞［*Ch'ing Dynasty Craft Guilds and Their Monopolies*，《清华学报》（新）14：1-2，第148页-149页］。然而卜氏却仍对工商团体强制其他工商业者结社的"强制入会"能力估计过高（上引文，第149页-150页）；对于工商团体"制裁"成员或非成员的能力，也不假批判地照单全收，认为团体"行规"上罗列的处罚规定能有效地落实（上引文，第145页），好似地方官府皆会不闻不问、袖手旁观一般，实有立论前后矛盾之嫌。

第四章
结　论

　　有关传统工商团体的研究，近百年来已累积了相当数量的专著与论文。本书探究的焦点，则是十八、十九世纪间遍布于苏州的取名为"会馆""公所"一类的工商团体。相对于二十世纪的"商会"与"同业公会"而言，"会馆""公所"仍然可归类为传统工商团体。然而，相对于宋代"行"团体等传统工商团体而言，"会馆""公所"却又在本质上呈现出极大的差异，所以本书称其为一种"新兴工商团体"。

　　导言里，检讨了有关传统工商团体的研究史，对这些起自一八六〇年代以至一九八〇年代的重要作品，做了简短的回顾与批评。一九五〇年代以后，随着工商业碑刻新史料的出版，以及"资本主义萌芽问题"新研究路径的提出，有关此领域的作品，开始有了新的发展，对于传统工商团体的全貌，逐渐认识得更为真切。本书基本上是立足在一九五〇年代以后这些新作品的研究基础上，再对其中存在的一些争论问题试做检视。

　　这些争论问题，例如"会馆""公所"究竟是经济性社团抑或只是祭祀与慈善性社团？十八世纪究竟有无发生所谓"由会馆向公所转化"的传统工商团体分解的过程？"限制自由竞争"是否为全体传统工商团体的主要功能？这些不同的争论，同时还与以下两大问题紧密相扣："会馆""公所"的普遍存在，究竟使得当时的市场结构发生什么变化？政府与工商业者之间的互动关系因之又受到什么程度的影响？要解决这两大问题，必须先对"会馆""公所"的本质有更仔细而深入的分析。于是，本书在以下三章里，分别从这些"新兴工商团体"的历史现象、组织发展以及权力运作三方面入手，以便提供一个检视上述两大问题的基础。

第一章探讨新兴工商团体的历史现象，文分两节。首节叙述此历史现象出现的时空背景，次节分析此历史现象呈现的特殊性质。十六世纪以后，全国市场已逐渐成形。长江中下游航运构成东西向的主交通干线；南北向则有大运河、赣江配合上大庾岭山路这条水陆兼施干道。东西向与南北向的两大交通干线，形构了全国市场的主轮廓。苏州不仅位在两大交通干线的辐辏区之内，同时其东更有娄江直通外海，可以联络海外市场。全国市场与海外市场的交会，使得苏州具备优越的商业地理位势。更加上太湖流域棉布、丝织手工业成品都以苏州为集散地，苏州成为全国工商业者集聚的重要市场。自十六至十九世纪间，大批工商业者长期集聚，使得彼此互动的频率越来越高。十八、十九世纪里，兴盛在苏州城的这些"会馆"与"公所"，正是工商业者频繁互动的结晶。工商业者基于自己的需要，发起共同结社，合组了新兴工商业团体。这些新兴工商团体大都喜以"会馆"或"公所"来命名。据吕作燮的统计，至少有48所"会馆"以及149所"公所"的此类工商团体，分别出现在十六至二十世纪初年之间的苏州城里。而十八、十九世纪这两百年，正是新兴工商团体发展的高峰期。

接着，继续对历史文献中的传统工商团体进行分梳。指出无论是唐末的"社"团体，或是宋代的"行"团体，在本质上，都与"会馆""公所"有着很大的差异。透过"自发性"或"强制性"、"常设性"或"临时性"以及"合法性"或"秘密性"三组本质性判别标准，可以发现"会馆""公所"与其他传统工商团体间重大的本质性差异。"会馆""公所"的成员，基本上都是自愿参与结社，并不是由政府或其他外力强迫结社，所以是一种"自发性"的社团组织。"会馆""公所"都具备一定规模的"公同财产"，并且制订有一套征收经常性公积金的筹款办法，所以是"常设性"的社团组织。"会馆""公所"都经过向官府立案申请的手续，获得官府明令保护其"公同财产"而成立，所以是"合法性"的社团组织。这种同时兼具"自发性""常设性"以及"合法性"的工商团体，是十六世纪以前历史上不曾有过的独特社会现象，所以可称作是一种"新兴工商业团体"。十八、十九世纪里，这种工商团体的大量设立，甚至可以说是一种新型态的社会运动，它具体反映了苏州工商业者力量的抬头与凝聚。

在第二与第三章里，先从碑刻史料中选出68个资料较清楚的新兴工商团体，就其组织发展以及权力运作两大层面，分别进行探讨。

第二章处理组织发展的问题，首节叙述组织发展的过程，次节则分析其原因。新兴工商团体的组织发展过程，通常可以明显地分成购建专属建筑物以及制定组织章程两大步骤，本书称此两大步骤为其"形式化"的两大阶段。在这组织发展"形式化"的两大阶段里，总是先由少数对结社特别有兴趣的工商业者发起结社，他们运用诉诸同乡情感、共同祀神、互助救济以及追求营业利益等等可使用的手段，设法游说其他的工商业者加入结社。当这些发起人的游说手段奏效以后，工商业者乃解囊捐款。等到募款有成，他们便以此笔捐款购置一处专属于捐款成员的公共建筑物，同时并向官府要求立案保护。这便完成组织发展"形式化"的第一大阶段。建筑物购置完成后，基于维修经费的需要，以及团体举办活动的开销，一套征收经常性会费的办法便被制订出来。而且，为了有效征收与保管这笔有公积金性质的会费，一套成员间选举管理人员的办法也被制定出来。随着征收公积金以及选举管理人员这两套组织规章的制定，新型工商团体便进入了"形式化"的第二大阶段。

由上述组织发展"形式化"的两大阶段看来，成员的结社意愿，实在是新兴工商团体能否组织成功的最根本关键。没有成员的积极支持，团体组织的公共财产与公积金，便无由建购与维持，团体势必面临组织失败或是组织解体的结局。从这个基本认识来看，无论是同乡的地缘意识，或是同业的经济利益，都只是新兴工商团体发起人用以招募成员的工具性手段而已，没有人可以强迫工商业者加入社团。当新兴工商团体刚刚诞生的时候，工商业者还不太习惯这种"自愿性社团"（voluntary association）的新型社会关系，为了有效达到结社的目标，团体发起人便侧重于运用地缘意识的游说手段。到了工商业者逐渐习惯了这种"自愿性社团"之后，发起人便越来越不再需要诉诸地缘意识，照样可以迅速而有效地筹足金钱组成社团。由十六到十九世纪的四百年间，无论是同乡的地缘意识，或是同业的经济利益，不过都是新兴工商团体发起人常用的两种游说手段而已。使不使用地缘意识做号召，皆只是发起人考虑结社手段有效程度后所做的选择而已。当工商业者的互动关系愈来愈频繁，社会上新兴工商团体的数目越来越多的时候，用地缘意识作为结社号召，便越来越无关紧要，发起人已拥有其他更多的选择，不必强调地缘意识，也可以迅速而有效地达到自己筹组社团的目的。新兴工商团体的组织发展过程里，"地域、乡土性减退，而行业性大大发展"，[①]这是十六至十九世纪间一项明显的长期趋势。何炳棣指出："在同一城市的熔冶炉里，经济与社会力量无时不在削弱各种地域组织原有的畛域观念。共同经济利益促成超地缘的业缘结合，长期全面接触，促成土客间的社会同化"，"内在的经济与社会力量"，终将"促进畛域观念的融消与大群意识的产生"，[②]这虽然是针对当时同乡团体的演变大势而立论，但也是当时新兴工商团体在组织发展上一个共同的长期趋势。

另外值得一提的，则是同乡团体与新兴工商团体在发展上的时间汇合现象。这两类团体组织都是新型式的民间社团，前者自十四世纪左右出现，后者则自十六世纪左右出现，此下皆一直发展到十九、二十世纪。十六至十九世纪这四百年，实是两种团体组织的共同发展时期，彼此有着互相加强的作用。新兴工商业团体在组织发展的过程里，多少带有一些同乡团体的色彩。新兴工商团体与同乡团体都常采用"会馆"这个名称，使得"会馆"一词实际上具有两层不同的含义。甚至于较少作为同乡会使用的"公所"这个名

---

① 《中国资本主义发展史》卷一，《中国资本主义的萌芽》（台北版），第391页。
② 何炳棣，《中国会馆史论》，第114页。

称，有时也同时兼有同乡团体与工商团体的两重含义。以"会馆"代表同乡团体，而"公所"代表同业工商团体的说法，其实是不精确的二分法，失之粗疏。要之，无论以"会馆"或是"公所"等不同名称命名的新兴工商团体，其最重要的共通性，还是在于前述其"自发性""常设性"与"合法性"这三个特征上。由于这是一个从无到有的组织发展过程，为了有效招募成员，发起人自然会采取种种可资利用的游说策略。十六世纪初成立时，采用同乡的地缘意识做诉求比较有效，工商团体内的"同乡性"便较明显。到了十八世纪以后，采用同业的经济利益做诉求，时常可以达到结社的目标，所以不必再特别诉诸地缘意识，工商团体的"同乡性"便愈益淡薄。于是，同乡团体与新兴工商团体之间的分野也就日益明显。这是一个长期的组织发展趋势，但却并不是在新兴工商团体的命名方式上表现出来。刘永成认为，"会馆"是"同乡行会"，而"公所"则是"同业行会"，并谓新兴工商团体的"地域、乡土性减退，而行业性大大发展"的变化，正是表现在十八世纪以后工商团体多以"公所"命名的事实上[①]。以本书的研究结果，刘氏的提法并不必然。

第二章第二节里，试图借由团体成员的结社动机以及当时社会结构的客观条件这两个层面做分析，探讨组织发展的原因。

新兴工商团体是种典型的自愿性社团，没有任何法律可以强迫工商业者参与结社。而且，如果没有成员的金钱支持，团体也只有面临组织失败或组织解体的命运。所以，团体组织如何发挥功能，

---

① 刘永成，《试论清代苏州手工业行会》，《历史研究》1959：11（1959），第22页。

以满足成员的需要，便成为其生存的根本问题。从这个认识来看，分析团体成员的结社动机，也就可以寻得组织发展的原因。这些结社动机，大体上可分为三方面：宗教情绪类、互助情感类以及经济利益类。三类动机实际上具有互助加强的作用，大概很难在各个新兴工商团体组织上硬性区分出来。结成团体，可使祀神活动拥有固定的专属地点，让活动举办得更有声有色，这是成员在宗教情绪上的结社动机。结成团体，也可使慈善事业具有举办的场地以及经常性的经费来源，使有关照顾成员的"恤贫""医病""丧葬"以及其他福利事业，得以顺利推行与维持，这是互助情感上的结社动机。

经济动机则比较复杂，需要加以细密地检视。过去的研究，总喜欢笼统地用"限制自由竞争"一语简单地带过，这不仅立论过于含混，而且更有以偏概全的谬误。本书以为，最少有四种不同的经济动机，分别存在各个不同的新兴工商团体里：特许商联合禁止非法业者进入市场营业、批发商联合对中间商人进行集体谈判、包买商或大作坊坊主联合对劳工进行集体抗衡、部分行业的工商业者联合建立寡占市场。基本上，不同的行业面临着不同的营业问题，为了解决各自不同的营业问题，新兴工商团体在组织发展上的动因便各异其趣。上述四种经济动机里，只有第一与第四种，可与"限制自由竞争"扯上关系，第二与第三种则根本不适用。所以，单举"限制自由竞争"为结社动机，实犯有以偏概全的错误。"限制自由竞争"的第一种结社动机，不是因为工商团体本身的经济特权，而是来自政府法律对于中间商人的管理法令：中间商人的数目有着定额上限的规定，工商团体不过是重申政府法律限制"自由竞争"的禁令而已。第四种结社动机才是工商团体成员主观意愿的表现，希望透过建立进入障碍与进行价格勾结等手段，限制行业内的自由竞争，以达成寡占市场的目的。所以，单举"限制自由竞争"为结社动机，有立论过于含混的弊病。

　　新兴工商团体是十六世纪以后一种新的社团组织，除非有当时社会结构上客观条件的配合，否则其组织发展也难以成功。所以，除了成员的结社动机外，也要讨论社会结构里的客观条件。徭役制度的改革以及民间同乡与慈善团体的兴起，是两种有利的配合条件。十六到十八世纪，随着"一条鞭法"与"摊丁入地"的徭役改革运动的发生，政府与人民之间不再具有强迫劳动的制度性关系，使得工商业者可以比较安心地参与结社，不必太担心自己被矮化为向政府提供服务的徭役组织的一员。于是，属于自愿性社团性质的新兴工商团体，乃能具备组织发展的更大活动空间。另外，十四世纪以后逐渐抬头的民间同乡团体，以及十六世纪日渐发达的民间慈善团体，也为新兴工商团体做了开路驱除的工作。无论是讲求"联乡情、敦信义"的同乡团体，或是举办"恤养老幼贫病、施舍棺药、收埋尸柩"等项善举的"善堂"团体，前者以提供旅居异地同乡种种服务为宗旨，后者则为城镇贫苦居民兴办救济事业，两者都是符合官府与舆论道德标准的社团组织。十六世纪以后，这两类民间社团已成功地安置于当时的社会结构之中，成为一种非宗教性、非家族性的民间社团组织，大异于昔日社会结构固有的寺庙道观与家族"义庄"之类的社团。①其后，当工商业者发起结社运动的时

①　"义庄"这种家族团体组织，以北宋范仲淹在苏州创立的范氏义庄最为著名。有关"义庄"的组织与发展，可参考：清水盛光的《中国族产制度考》，特别见该书第34页-74页的叙述。

候，此种新形态的工商团体便能够顺利地援引同乡团体与慈善团体的前例，巧妙地模糊掉自己作为一种新兴工商团体的色彩，获得官府与舆论的承认与保护。所以，同乡团体与慈善团体的发达，也是新兴工商团体在组织发展上一个重要的客观条件。

第三章分析新兴工商团体的权力运作。第一节叙述有关非营业方面的权力运作，包含宗教活动上祭祀行业神、乡土神等神祇；慈善活动上恤贫、医病、丧葬以及创办义塾等事业；理财活动上购屋收租或放款生息等设计；以及抵抗不肖官吏与都市无赖而进行的联合控诉活动。第二节则专门检讨与营业活动直接相关的权力运作。

傅筑夫认为"会馆"与"公所"的权力运作，主要是表现在救济成员失业、贫病、死亡或回乡旅费等慈善事业上[1]，与市场经营有关的经济事务无涉。傅氏还强调：由于生产技术不与团体成员共享、团体成员在经济地位上悬殊的贫富分化以及成员在市场上的剧烈竞争，由于这三项事实的同时存在，所以中国根本不存在一种"对内团结和对外排他的具有独立自治权的垄断性组织"。[2]这种论点是相当特异的，受到完全接受中国也有垄断性工商团体这种刻板印象学者的激烈攻击。[3]

细究其实，傅氏的说法是确有所本，所指中国工商团体没有"独立自治权"的特质，的确是相当重要的历史事实。一九七九年左右，他根据自己对"会馆""公所"以及宋代"行"团体的分析，提出了"中国的城市中，始终没有形成欧洲那种基尔特型的行

---

① 　傅筑夫，《中国经济史论丛》下册，第479页。
② 　傅筑夫，《中国经济史论丛》下册，第480页–484页；第387页。
③ 　如：李华，《论中国封建社会的行会制度》（收入《萌芽1983a》，第88页–116页）；彭泽益，《中国行会史研究的几个问题》（载《历史研究》1988：6）。

会制度"①的论断。不过，这对于习见甚深的一些学者来说，却是无法容忍的异端说法。一九八一年，李华特别引了中国以外世界其他十二个国家，在"封建社会"里，也"毫无例外地产生自己的行会制度"，以证明"世界上大多数主要国家（的）封建社会，存在（有）行会制度，这一结论无疑是正确的"，李氏论断说：中国"当然"不能自外②。

先假设欧洲基尔特即是"垄断性组织"的工商团体，那么到底十八、十九世纪的"会馆""公所"是不是"垄断性组织"的工商团体？学界有着以上两种极端的全是或全非的"零和式"论点。所以，第三章第二节对此作了较多的讨论。姑且不论中国有没有欧洲基尔特的问题，至少，傅筑夫与李华二种极端的论调，都不能完整地说明"会馆""公所"这类新兴工商团体的权力运作。

"会馆""公所"的权力运作，并不是以慈善活动为唯一的主要内容，与市场经营有关的共同事务也是其运作的主要范畴，傅筑夫所认定的"会馆""公所"权力运作的范畴太过狭窄。不过，这些与市场经营有关的权力运作，却同时也是各异其趣的，绝对不只限于"垄断性组织"的权力运作而已。这些不同的权力运作可以分成四类：第一类是特设商团体对于非法业者的联合抵制，第二类是批发商团体对其他商人的集体谈判，第三类是特殊较大规模产业资本家对于劳工团体的集体抗衡，第四类是部分行业工商业者企图寡占市场的联合勾结。李华等多数学者所强调的"垄断性组织"，只有上述第一与第四两类的新兴工商团体勉强够得上，将其视为

---

① 傅筑夫，《中国经济史论丛》下册，第387页。
② 李华，《论中国封建社会的行会制度》（收入《萌芽1983a》，第91页）。

十八、十九世纪中国工商团体的全貌，其实也是不正确的。

至于刘永成主张的"乾隆以后，行会在性质上的转化"的看法，认为自乾隆时代以后，工商团体的权力运作已由防止同业竞争转变为资本家与劳工进行斗争。[1]刘氏看到了当时工商团体在限制自由竞争以外的历史事实，基本上，这便是本文所指陈的新兴工商团体的第三类型权力运作。问题是，这里面并非是存在着权力运作由第四类型过渡到第三类型的转化关系。这两类型的权力运作，与第一、第二类型一样，都是十八、十九世纪在新兴工商团体里，同时发展中的权力运作现象。不同的行业，面临不同的经济问题，产生出不同类型权力运作的新兴工商团体。新兴工商团体里，无论是取名"会馆"或是取名"公所"，都杂然出现有四类型的权力连作，团体名称与其权力运作类型之间并没有固定的对应关系。硬要区分的话，以"会馆"命名者，也许与第二类型权力运作的关系较为密切，但以"公所"命名者，则看不出具有什么特别的权力类型倾向。刘永成有关"由会馆向公所转化"的看法[2]，正如彭泽益所驳正的，其实只是纯粹命名习惯的问题，"根本不是什么转化，也不存在转化的问题"[3]。不过，刘氏的问题只出在于：他未能妥善解释新兴工商团体里第四与第三类型权力运作并存的历史现象，至少，他还正视了第三类型权力运作确实存在的事实。彭氏则根本连此事实都不予正视，一味停留在一切传统工商团体都只有第一与第四类型权力运作而已的刻板印象之内。

---

① 刘永成，《试论清代苏州手工业行会》，《历史研究》1959：11（1959），第22页，第32页–34页。
② 刘永成，上引书，第22页，第91页。
③ 彭泽益，《中国行会史研究的几个问题》（载《历史研究》1988：6），第9页。

吕作燮指出，工商业“会馆”对工商业起着促进竞争的作用[1]，但是他却认为“公所”的性质仍然与宋代“行”团体的性质相似，是官府科敛工商业者的工具[2]。吕氏对“公所”的这种理解，并不正确。因为“公所”与“会馆”实在都是一种自愿性社团，这在碑刻资料上表现得很清楚。“公所”与“会馆”之间在名称上的差异，无法做严格区分。然而，无论如何，吕氏也看到了部分新兴工商团体里“促进竞争”而非“限制竞争”的一个面向。洪焕椿的看法则是可以肯定的：“根据苏州工商业碑刻所反映的具体情况看来，把“会馆”“公所”不加区别地一概看作是阻碍商品经济发展的“行会”组织，而看不到它在商品竞争中所起的积极作用，是不符合历史实际的”[3]，本书的研究可以为洪氏此一论点做脚注。只强调“会馆”“公所”作为一种垄断性组织的面向，是对历史真相的一种严重的简化与扭曲。彭泽益所极力强调的：“在鸦片战争前的封建社会条件下，中国的行会依然执行着为适应封建制度的经济职能，对行会成员的生产劳动进行干预和限制”[4]，这代表了远自一八六〇年代以降有关传统工商团体研究的一种刻板印象。它不仅完全无法解释宋代“行”团体的权力连作，也无法全盘地说明十八、十九世纪“会馆”“公所”一类新兴工商团体的真实功能。总之，由一八六〇年代到一九八〇年代，整整一百二十年的漫长研

---

① 吕作燮，《试论明清时期会馆的性质和作用》（收入《萌芽1983a》，第172页-209页），第173页。
② 吕作燮，《明清时期的会馆并非工商业行会》（载《中国史研究》1982：2），第77页。
③ 洪焕椿，《明清苏州地区资本主义萌芽步考察——苏州工商业碑刻资料剖析》（收入《萌芽1981》，第399页-449页），第422页-423页。
④ 彭泽益，《中国行会史研究的几个问题》（载《历史研究》1988：6），第14页。

究时间里，有关传统中国工商团体的研究作品，却一直未能完全祛除简单的比附心态。这一页漫长的研究史，实在是需要好好检讨的。在与营业活动直接相关的权力运作里，以本书研究的68个样本团体而言，至少有一半左右属于第二或第三类型的权力运作，根本与"限制自由竞争"的权力运作扯不上关系。

最后，可以再讨论新兴工商团体对于当时市场结构的影响，以及新兴工商团体对于政府与工商业者关系的影响。前一个影响，与经济发展的问题有关；后一个影响，则关系到国家权力与社会权力竞合的问题。

一

一般学者相信，在自由竞争程度较高的市场结构下，个人的创意较能不受拘束地发挥，经济资源也能更有效地利用，所以对于经济成长很有帮助。如果以自由竞争的程度高低做区分，市场结构可以分为"完全竞争""垄断性竞争""寡占"与"独占"四型。十八、十九世纪里，因为新兴工商团体的普遍存在，苏州的市场结构究竟属于四型里的哪一型，便成为检讨当时中国经济发展问题的一环。

这个问题可从新兴工商团体在经济营业事务上四种不同类型的权力运作分别检视。盛行于批发商团体的第二类型权力运作，其目标在于与中间商人谈判，获得对自己有利的买卖契约条件。其作用不在限制成员的资本扩充，而在为全体成员取得买卖的好条件与好价钱，减少中间商人居间操控的机会。第三类型权力运作则在与劳工团体做抗衡，应付劳工提高工资的压力。资方成员之间，不仅不限制彼此的生产技术与生产规模，反而可能存有颇激烈的商业竞争。在这两类权力运作下的工商团体，成员的增资行动与技术创新，都不会受到团体组织的妨碍。虽然缺乏此类行业的详细产销资料，难以估算各行业的市场竞争度，但至少这不会是个寡占市场，更不会是个独占市场。第一类型的权力运作，只出现在特许商团体，它之所以能要求寡占市场，是因为政府法令对此类行业的人数有额数上限的规定。不过，政府官员似乎因为同情众多贫穷的无执照业者，所以并非很积极地取缔非法无照业者，特许商人加入此种团体的意愿似乎也不太高。团体对成员经营技术的创新与资本的扩充，也看不出有什么限制性的规定。

只有第四类型权力运作下的工商团体，明显地具有价格勾结与设立进入障碍性质的规章。不过，基本上，由于这种行为触犯了政府法律上"禁止把持"的律例，此类权力运作在先天上便缺乏稳固的基础。价格勾结是在避免成员彼此的杀价竞赛，至于能否成功地执行，可能要视行业性质而定。例如，剃头业的价格勾结较容易维持，煤炭业的价格勾结则似乎很难维持，不能一概而论，需有更详细的资料才能检证。

设立进入障碍的手段，可以分为征收会费、限制收徒人数、议定收徒年限以及控告其他行业抢夺本业生意等四项。不交会费就不能开业，这是此类团体征收会费的真正意图。对于某些原本只要少量资本即能开业的行业来说，强制征收会费，当然可以延阻某些新业者开业的速度。问题是，新兴工商团体有强制征收会费的有效权力吗？政府法律根本便不支持这种触犯"把持行市"罪行的权力运作，工商团体的成员基本上也都是有身家财产的百姓，不是秘密帮会之流或是无牵无挂的莽汉。既没有合法权力的支持，又要顾虑政府法律对于赤裸暴力的制裁，工商团体如何能够有效地执行其强制入会的原则？此点令人怀疑。没有强制入会的稳固权力基础，团体凭借征收会费以设立进入障碍的效果，便要大打折扣。控告其他行业抢夺本业生意的情况，也是一样，它依然受到官府"把持行市"罪名的监控与敌视①。也许某些工商团体可以采用苦苦哀求的策略，官府有时也会顾虑到该团体成员的生计问题，因而支持其控告行动，判其胜诉。不过，此类团体的胜诉机会也不一定是很大的，官员不是傻子，他会判断呈情业者是否真到了穷困无路的地步。关键在于判案官员自己的自由心证，如何在"把持行市"与"维持小民生计"之间获得一个平衡点。实在看不出判案官员有积极支持工商团体经营独占权的倾向。团体成员可以钻觅法律漏洞，以求突破判案官员敌视垄断市场的心防，避开防阻垄断市场的"把持行市"的法律禁令；被团体控告的其他工商业者当然也可以如法炮制，提醒官员要维护公平竞争的市场秩序。利益冲突的双方，总要在法律面前充分竞争，看不出谁是必然的赢家。此类团体制定出种种征收会费与不准他业抢夺的条文，只不过是该团体自己主观意愿的宣示而已，与其实际执行的有效程度之间，常有很大的落差存在。

议定收徒年限与限制收徒人数，其作用是在徒弟市场上设立进入障碍，延缓团体成员雇用徒弟的速率。基本上，这是老板间以及老板与伙友之间的一项君子协定，由于它最主要侵犯的是学徒的利

---

① 韩大成也指出：明代政府在管理市场上的种种政令措施，"对打击奸商，安定市场秩序，在当时还是起了一定的作用"（《明代的集市》，载《文史哲》1987：6，第23页）。清代也继承了明代的市场管理法规，这对维持公平竞争的市场秩序，其实是不该被故意忽略不谈的。

益，而学徒间通常难以构成有力的团体向官府游说，所以，官府常常会尊重工商团体这项君子协定。当老板成员破坏此项协议之时，官府虽然也会改采比较中立的立场，不会像支持团体侵犯学徒利益般地偏袒工商团体一般，但团体成员中的伙友，则有时会对破坏君子协议的老板产生暴力行为。由于伙友较无身家财产，对暴行的法律后果总是顾虑较少，当老板成员大量收用学徒时，伙友感觉生计受到严重威胁，双方的冲突便会扩大。处理不当，便会发生暴力流血事件。所以，由于学徒的弱势地位以及伙友的不稳定因素，第四类型权力运作中有关收徒办法的规章，是比较能够有效落实的。学徒市场是个寡占市场，这大致是可以肯定的。

总结以上四类型权力运作的讨论，可知第二与第三类型权力运作，都不造成寡占或独占市场，对于成员增资与创新的活动，皆不构成妨碍。第一类型权力运作，是在重申政府法律赋予他们寡占市场的合法权力，其作用在限制非法业者进入此行业，也并不限制成员的增资与创新。第四类型权力运作中，只有在学徒市场所造成的寡占情况，比较能够确定，其作用是在限制成员任意收用学徒。在与收用学徒有关的增资或创新的活动上，此类型权力运作确实是有妨碍的作用。不过，令人好奇的是，如果一个行业增资与创新的活动，都只能靠在收用学徒方面动脑筋的话，此种行业对于经济成长的贡献，大概也是微乎其微，不待此类型权力运作来阻碍。第四类型权力运作，并不妨碍成员增收伙友、并不限制成员添购设备，只要有不影响伙友生计的技术创新，成员都可以毫无困难地援引。所以，固然第四类型权力运作确实具有某种阻碍经济成长的因素在内，但是也不必过度膨胀其作用，在收受学徒以外的自由空间，仍然是很大的。毕竟，没有人会同意：增加资本与创新技术，一定要透过收用学徒来达成。阻碍中国经济成长的原因，恐怕要从工商团体以外的阻碍因素去分析，其说服力才比较大。老是停留在中古末期欧洲基尔特团体妨碍自由竞争以致影响经济成长的粗浅印象，学术研究如何能进一步发展？研究欧洲基尔特团体的学者 S.Thrupp 等人即曾指出：十八世纪时，重农学派与早期自由主义经济学家，指责当时基尔特团体对经济发展为纯然地阻碍性垄断力量，有时是被毫无检证地概推到中古时代的基尔特团体身上；其实，关于中古基尔特团体独占力量对于经济成长的妨碍作用，是被过度夸大的。[①]本书没有能力全盘比较中西工商团体异同的问题，引 Thrupp 此论，不过在点明一个事实：即使是欧洲基尔特团体对经济成长的阻碍作用，也有时间因素与有效程度的差异。趋向主张中国传统工商团体与欧洲基尔特完全相同的学者，究竟是指涉着相同于什么时间的欧洲基尔特？究竟是指涉着相同于阻碍经济成长到什么程度的欧洲基尔特？其间的问题，太多也太大，都还有待这些学者拿出进一步证据来立论。割一块中国工商团体的历史实体，再割一块欧洲基尔特团体的历史实体，然后两相比较，以得出二者间的异同关系。这当然是件有趣的学术工作，但却也是十分艰难的学术工作。这份切割性的比较研究工作，其基本条件应该是：研究者对两份不同的历史

---

①   Sylvia L.Thrupp, "the Gilds", in M.M.Postan e, *The Cambridge Economic History of Europe*, Vol.III, *Economic Organization and Policies in the Middle Ages*, p.208; idem, "Medieval Gilds Reconsidered", *The Journal of Economic History*, 2：2（Nov.1942）, p.164; P.Kriedte, Hans Medick & Jurgen Schlumbohn, trans.by Leena Tanner, "Prot-industrialization on Test with the Guild of Historians：Response to Some Critics", *Economy and Society*, 15：2（May 1986）, p.254.

母体都有深切的意义了解，抓到二者真正的精髓，始能切割的准确精审，然后才能真正地比较同异。

　　Henri Pirenne认为，欧洲基尔特的起源，可以归因于两种因素的作用：合法的权力与自愿的组织。仅是自由组合，还不足以导致同业基尔特的形成；公共权力或政府当局，也有很大的作用。[①]十八、十九世纪中国的新兴工商团体，的确也是种自愿性社团，也确实曾在当时经济事务上发挥种种不同性质的权力运作，对于当时市场结构必然也有着若干程度的影响。这些都是十二世纪宋代"行"团体下工商业者成员难以比拟的经济权力。然而，尽管"会馆""公所"成员有着性质与程度不一的经济权力，它却一直无法获得政府法律的完全承认与许可，在一个司法审判权完全收归政府所有的统一国家里，没有政治权力做支撑的经济权力，其力量始终是有限的。"会馆""公所"成员，不仅不是类似欧洲中古城市具有"市民"（Bürger）身份的特殊阶级，他们与"士农工商僧道"一样，都只是大一统政府下的"编户齐民"，不是社会结构里必然的特权阶级。更且，由于传统政府维持市场公平交易秩序的"把持行市"禁令，始经未曾改变，"会馆""公所"根本就不能肆无忌惮地执行其经济权力。欧洲某些基尔特团体可以拥有"工业警察"（Gewerbepolizei）与"工业法庭"（Gewerbegericht），专门审理违反基尔特行规的案件，积极而有效地维持团体拥有的经济特权。[②]这根本就是任何传统中国工商团体成员所难以想望的权力。且不说"会馆""公所"的权力运作不是只在限制自由竞争而已，就算是

---

① 役楞著，胡伊默译，《中古欧洲社会经济史》，第159页；第156页。
② 韦伯著，郑太朴译，《社会经济史》，第167页。

兼具此类性质权力运作的工商团体，也会因为没有政治特权的配合，而使自己的经济特权相对的脆弱与不稳定。

近代欧洲经济发展的过程里，发生有基尔特团体阻碍经济成长的历史现象。自由派经济学者鼓吹"自由放任"（Laissez faire）的经济政策，认为促进经济发展与社会福利的最佳途径，是取消一切加诸私人企业经济的枷锁，听其自由经营。[1]在此种思潮影响之下，更突显了基尔特对经济发展的阻碍作用。以伦敦的基尔特为例，自十七世纪末期以后，由于愈来愈得不到政治权力的支持，基尔特的经济特权乃逐渐松动与式微，在十九世纪中期终于完全被剥除。[2]基尔特式微的过程，刚好就是欧洲经济进一步成长的过程。

然而，近代中国经济发展的过程，也必然要有上述欧洲与基尔特团体类似的负相关过程吗？一九五〇年代末期，许多大陆史学家投入"中国资本主义萌芽问题"的研究。一些学者也想将上述近代欧洲经济发展与基尔特势力负相关的历史现象套入中国历史内，证明中国在"资本主义萌芽"时期也出现有此种负相关的历史现象。刘永成在一九五九年提出十八世纪中国工商团体性质"转化"的理论，便是这个特殊研究预设下的产物。对于这些学者而言，传统工商团体在"限制自由竞争"权力运作上的衰落，必然要出现在某个经济系统的成长过程上，否则便谈不上经济成长的更上一层楼。

问题是，如果在经济成长之前本来就没有一种限制自由竞争的工商团体的话，则根本就不会产生近代欧洲那种工商团体与经济

---

[1] 熊彼得著，王作荣译，《经济分析史》，第506页。

[2] J.R.Kellett, "The breakdown of Gild and Corporation Control over the Handicraft and Retail Trade in London", *The Economic History Review*, second series, 10：3 （April 1958），pp.381–382；p.394.

发展负相关的过程。十六世纪以后，中国的经济发展确实又发展到了另外一个新高峰，商品经济日益蓬勃，社会分工逐渐加深；工商业者愈来愈多，都市化现象更加普遍，这些新发展在江南地区尤其表现得十分明显。在这一股经济发展的新浪潮下，传统工商团体的发展与演变，其真相究竟是如何呢？在本书集中检讨过十八、十九世纪苏州城这68个"会馆""公所"之后，深觉学界对于传统工商团体刻板印象之严重。根本的问题是，在十六世纪，甚至十八世纪之前，中国社会根本没有多少具备强大经济特权的工商团体，无论是"限制自由竞争"，或是"非限制自由竞争"工商团体的发展，都是在十六世纪以后才逐渐有进一步的发展与演变。在经济发展的过程中，各行业的工商业者开始有了更多更密切的互动关系，面临各行业各自不同性质的营业问题，他们尝试组成了自愿性社团，试图联合维护自己的权益。特许商面临非法业者的不公平竞争，部分业者乃合组了自愿性社团；批发商面临中介商人的不合理剥削，部分业者乃合组了自愿性社团；大工业资本家面临劳工团体的加薪压力，部分业者乃合组了自愿性社团；小商人与小作坊主面临有限的市场空间，担心失序的竞争状态出现，乃合组了自愿性社团。无论是哪一类权力运作的团体，它们都是相应于经济进一步发展，工商业者利益关系进一步竞合下的具体产物。由十六到十九世纪，某些小手工业的团体组织，也许已经整合得愈来愈紧密，成员可以同仇敌忾地阻止其他业者闯入此行业，如果被阻止的业者不愿意直接采取法律行动，愿意交会费以省却麻烦，则该工商团体的限制自由竞争意愿便能获得有效的落实，这当然不符合优胜劣败的市场竞争法则，对经济成长有阻碍作用。不过从一些真正具有带动经济成长冲力的行业看来，如棉布加工业，其雇用的劳工人数众多，资方团体的成立，主旨其实是在于防止劳工加薪的压力得逞；成员彼此间，仍各凭自己商品竞争力的高下，在市场上从事激烈的自由竞争，根本不形成阻碍经济成长的寡占性市场结构。所以，在中国经济发展的过程里，实在不存在一种明显的与工商团体发展互呈负相关的历史过程。因为中国的工商团体本来就不全是限制自由竞争的团体组织；而纵使是限制自由竞争的团体权力，其实也有相当的限度。因此，十八、十九世纪工商团体在限制自由竞争上能力的强弱，根本就不是测量当时中国经济成长规模的一项有效指标。

一般而论，"会馆""公所"与经济发展之间的真实关系，是被过度扭曲与夸张的。以新兴工商团体作为一种阻碍中国经济成长的一项制度性因素，其实是错误的推论。究竟十八、十九世纪的市场结构，受到新兴工商团体什么样的影响？还需要依各个行业的实际性质，寻得更翔实的材料，才能得到较精确的认识。本书析论了新兴工商团体在经济权力上的四种类型权力运作，不过是对此问题做了一个鸟瞰式的观察，至于更精细的认识，还有俟研究者共同努力。

二

其实，十八、十九世纪新兴工商团体的普遍存在，最重要的意义恐怕还不是在其与经济成长之间的关系，而在于其对政府政令的影响，以及因此所反映出来的社会结构中国家权力与社会权力关系的变化。

在十六世纪新兴工商团体逐渐兴起之前，政府与工商业者之间最普遍的关系，是表现在官手工业制度与"当行"制度上。这两套制度在十六世纪后都愈趋式微。本书关切的主体，是以民间工商业者为组织成员的团体组织，所以只针对"当行"制度与新兴工商团体之间的转变关系做讨论，官手工业制度下的组织关系则未做处理①。

从十二到十六世纪之间，工商业者与政府之间最常见到的关系，可以当行制度为代表。南宋时代，一位官员说："凡木工，……平日皆籍其姓名，鳞差以俟命，谓之当行"。②其实，不独木工为然，其他工商业者的情况也是一样。政府基于对民间商品的消费需要，往往强迫将工商业者所开设的店铺编入册籍之内，一旦要采买物资时，便按籍索买，这便是所谓的"当行"制度。被编入此种采买册籍的人，叫作"行人"；其所开设的店铺则称作"行铺"。同时，政府为了保证自己所要采买的物资能够按时无缺地买到，总还会在诸多"行人"中，挑选出一位财力较富裕的业者，以充作负责人，其名称便叫作"行头"。

"行头"的名称，在唐代元和四年（809年），便已出现在史籍上③，可见这套"当行"制度，至少在九世纪初便很可能存在过。此下一直到十六世纪左右，"当行"制度一直都是一套常设在政府与

---

① 概论官手工业制度的文章，可参见：白寿彝、王毓铨，《说秦汉到明末官手工业和封建制度的关系》[载《历史研究》1954：5（1954年）]。一份较详细的书文目录，可见：徐泓《中国官匠制度》一文所附参考文献（载于宗先主编，《经济学百科全书》卷一《经济史》，第43页-44页）。明代的官手工业制度，到十六世纪以后已逐渐解体，十七世纪中叶，王夫之即曾指出："班匠之制，一以开国之初所定为额。阅数百载后，其子孙或耕、或商、或读、或吏，不复知有先世之业"（《噩梦》，第35页-36页）。
② 岳珂，《愧郯录》卷十三，"京师木工"条（《文渊阁四库全书》本，865/180）。
③ 《旧唐书》卷四十八，《食货志》，第2102页。

工商业者之间的明显的法定制度。虽然政府的"当行"制度强调的是"和买"而非"白科",但总由于政府行政上的诸多弊端,同官府做这种"和买"生意的工商业者,总要吃亏赔本。宋神宗熙宁五年(1072年),王安石即曾说过:

> 每年行人为供官不给,辄走却数家。每纠一人入行,辄诉讼不已。[1]

工商业者视被编入"当行"制度,为一桩不利的苦差事,因而都不愿被编为"行人",所以一旦"纠一人入行",便"辄诉讼不已",以求脱免此种团体组织。尽管政府也知道此制度对工商业者的伤害,于是时常可以见到诸如"和雇、和买,并依市价,……官司随即支价,毋得逗留刁蹬"[2]之类的行政命令,强调官府所采买的物资,一定要按照市价支付予工商业者。但其实际成效总是令人怀疑,所谓"朝廷买办诸色物料,有司给价十不及一,……名称买办,无异白取"[3],这大概仍是常见的情形。

洪武二十六年(1393年),明太祖即已下令全国官府建立一套"时估"制度,规定:

> 民间市肆买卖,一应货物价值,须从州县亲民衙门按月从实申报,合干上司,遇有买办军需等项,以凭照价收买。[4]

---

① 《续资治通鉴长编》,240/2下,熙宁五年十一月丁巳。
② 《通制条格》,18/3下。
③ 《明宣宗实录》,3/11下,宣德元年七月戊寅,第0088页。
④ 《万历大明会典》卷三十七,《户部:时估》,第698页。

不仅地方衙门要编列民间商品的每月售价，甚至在中央政府的户部当中，也设立有"金科"的机构，负责"时估"以及其他的经济行政业务。[①]姑且不论其实施的成效如何，本质上，这当然是一套立意于改良官府向工商业者采买物资弊端的制度。然而，只要当行制度那种强迫工商业者与政府做生意的制度存在，工商业者的地位便始终很不利。因为在当行制度之下，一旦被编入政府采买物资的供应名籍，工商业者便没有拒绝和政府做生意的权力。永乐十三年（1415年），在应天府发生有工商业者拒绝和官府做生意的案件，明成祖朱棣闻讯十分恼火，特为此事下了一道圣旨：

　　　　那军家每既在市开张铺面做买卖，官府要些物料，他怎么不肯买办？……今后若有买办，但是开张铺面之家，不分军民人等，一体着他买办，敢有违了的，拿来不饶，钦此。[②]

　　这句"一体着他买办，敢有违了的，拿来不饶"，正点出了当行制度的基本精神。不论有没有"时估制度"，也不论"和买"的价格是否公平，当行制度的基本精神，即在于工商业者没有拒绝和官府做生意的权利，无论对于官府的开价满不满意，工商业者都有义务将商品卖予官府。从此点来看，当行制度与徭役制度之间，实有很大的雷同处。对于官员来说，农民服徭役，工商业者"当行"供货商品，二者都是按籍索征，以满足官府的消费需要。只是，当行制度仍是要"和买"，是要付给工商业者一定的金钱，不可以

---

① 《诸司职掌》"户部：金科"，第40页。
② 《条例备考》（嘉靖刊本）《户部》卷一，"军卫当铺户"条。

"白夺"的，这是与农民的无偿徭役略为不同的。

如果以政府组织代表国家权力的一端，以民间团体组织代表社会权力的一端，则当行制度下的"行"团体，根本对社会权力一端的加重毫无助益。"行"团体是完全倒向加强国家权力那一端的制度，对于个别工商业者而言，"行"所提供的是一种权益受损的桎梏。然而，十六世纪以后逐渐抬头的新兴工商业团体，却开始为社会权力注入了成长的催化剂，为其茁长壮大的培溉工作，提供了可能的发展契机。

"会馆""公所"这类新兴工商团体在十八、十九世纪得以大量组织成功，这可以算是一种民间自愿性社团由萌芽到茁长的社会运动。许多工商业者的个人利益，渐渐被整合到这些社团组织里。在当时的社会结构里，这些社团组织发挥了维护成员权益的组织力量。尽管代表国家权力的政府官厅，在二十世纪以前，始终没有完全承认这些社团组织所代表的社会权力，然而，这些新的社会权力却已在多方面影响着当时的社会结构。

虽然，直到十九世纪末期，也没有看到这些新兴工商团体直接向国家权力挑战，要求在政治决策上享有更多更大的发言权；其所代表的社会权力，似乎仍然并不显著。不过，正如石锦所指出的，这是因为工商业者始终可以透过科考或捐纳的正式管道，直接进入政府组织，分享国家权力，不需要有一个类似近代欧洲中产阶级革命的历史过程[1]。许倬云有中国的国家与社会长期处于均势状态的提法，认为亲缘团体、精耕细作以及文官制度，是维持此种均势

---

[1] 石锦，《试论明清时代的官商与绅商》，载《国史释论——陶希圣先生九秩荣庆祝寿论文集》，第228页–229页。

的中国文化"三原色"。许氏强调：社会权力在文官体系的选拔过程中呈现，国家权力则在文官体系的政务运作上体现，所以能够使社会与国家形成均势，并发挥制衡的功用。[1]从石锦指陈的事实来看，十八世纪以后，工商业者的社会权力，透过文官体系，确实也被有效地整合到国家与社会的均势关系之中。

不过，正如瞿同祖所指出的，在传统中国的社会结构里，工商业者地位原本是不高的。汉代法律禁止商人做官；隋唐时代，规定工匠与商人不许出仕；宋代的工商业者，也没有资格参加进士考试。[2]傅筑夫强调，传统"重农抑商"的政策绝不仅是理论上的口号，而是透过禁榷制度、土贡制度以及官手工业制度，有效地将种种抑商理论付诸实践。[3]工商业者的社会权力，其实是经过长时期社会结构的变化，才被有效地整合到国家权力之中的，自秦汉以至唐宋，此种整合都还未产生。即使如宋代商品经济的发达，也还未改变排除工商业者分享国家权力的这个趋势。杨联升认为，中国商人在政治地位上的解放过程，大概是自金、元两代开启。此时，不仅似乎不再有禁止工商业者参加文官考试的规定，元成宗大德三年（1299年），甚至还特别为盐商子弟设置官立学校，称作"运学"。十六世纪末，明政府特别在科举考试中开辟"商籍"，便利盐商子弟参与考试，此制度并且一直维持到清代。更且，商人买官的现象，到了清代也愈发普遍，变成一种制度性的任官途径，形成一套

---

① 许倬云，《中国古代文化的特质》，特别参考第42页–46页。
② 瞿同祖著，刘纫尼译，《中国的阶层结构及其意识形态》，载段昌国等译，《中国思想与制度论集》，第284页–285页。
③ 傅筑夫，《中国经济史论丛》，第608页–668页。

"捐纳制度"，工商业者政治地位的解放便更为彻底。[1]

十六世纪以后工商业者政治地位的解放，反映了整个社会结构的变化。余英时指出，士大夫对商人态度的改变，是当时一个极不寻常的社会变化："十六世纪以后，著名文士学人的文集中，充满了商人的墓志铭、传记、寿序。以明清与唐宋元的文集笔记等相比较，这个差异是极其显著的。这是长期'士商相杂'的结果"。[2]其实，除了长期"士商相杂"的因素之外，官员对于工商业者社会功能的评价产生了转变，也是一个重要的因素。十六世纪时，张居正说：

> 商通有无，农力本穑。商不得通有无以利农，则农病。农不得力本穑以资商，则商病。故商农之势，常若权衡然。……故余以为：欲物力不屈，则莫若省征发，以厚农而资商；欲民用不困，则莫若轻关市，以厚商而利农。[3]

社会分工日益深化，全体社会成员与市场的关系日益密切，即使占成员绝大多数的农民，也在市场上和工商业者发生越来越频繁的关系。治理百姓庶务的官员，不能继续无视于商人对广大平民生活的重要性。谷霁光指出：自宋代以后，官员重视商人社会经济地位的言论，便已逐渐抬头，这是唐末以降整体经济环境逐渐改变的

---

① 杨联升著，《传统中国政府对城市商人的统制》，载段昌国等译，前引书，第382页–384页。
② 余英时，《中国近世宗教伦理与商人精神》，第162页。
③ 张居正，《张文忠公全集》卷八，《赠水部周汉浦榷竣还朝序》。

结果，传统的"抑商"观念已渐失时效。[1]这种"抑商"观念逐渐松动的趋势，随着此下经济发展的深化而加强。张居正提出"厚农以资商"以及"厚商而利农"的主张，正是由于见到农民与工商业者的市场关系日益加深，官员真正体认到工商业者在社会分工上的正面贡献。十七世纪末年，黄宗羲有"工商皆本"的言论。[2]十八世纪初，王源更说：

> 嗟夫！重本抑末之说固然，然本宜重，末亦不可轻。假令天下有农而无商，尚可以为国乎？[3]

由于体认到工商业的必要性，所以王源建议重新规划"吏户礼兵刑工"六部的中央政府设计，去掉吏部，"晋冢宰为相国，以总庶务"，主张新设一个"货部"，补齐六部，并增置"大司均"补齐六卿，以掌管"货部"。他强调自己的理由是："货财者，与食并重者也，乌可置之六卿之外乎？"[4]尽管林丽月指出：现代中叶以后，商税的日趋烦苛及其引起的社会不安，是刺激明末清初士大夫重商言论盛行的重要背景之一。[5]然而，这些言论确实也反映了当时社会结构中工商业角色日益重要的事实。柯建中说："商业资本活动在社

---

① 谷霁光，《唐宋至清初间抑商问题之商榷》，《文史杂志》1：11（1942，5），第3页。

② 黄宗羲，《明夷待访录》，第34页下。

③ 王源，《平书》。此书今以李塨《平书订》的面貌所世。引文见《平书订》卷十一，"财用"下（《丛书集成新编》本，26/399）。

④ 同上注。

⑤ 林丽月，《试论明清之际商业思想的几个问题》（发表于"中研院"近史所举办，"近代中国初期历史研讨会"，1988年8月），第21页。

会经济生活中的地位重要了，社会舆论才相应地给它以新的认识与估价"，^①这是确实的。正如十八世纪初年一本政书上所强调的，官员应该尽力防止地方市场里劣质银两的流通，因为：

> 若商贾远来贸易，得此伪造之物，不亦亏本而徒劳乎！将有裹足不入，而物价顿昂，百姓俱受其苦矣！^②

商人不运送商品，则"物价顿昂，百姓俱受其苦"。虽然这可能只是指粮食商人而言，不过，农民生活与市场关系之密切亦可见一斑。难怪官员不得不改变对工商业者在社会贡献上的评价，给予其应有社会地位与权利的正视。

十六世纪以后，工商业者自发地合组了新式社团，这绝对不是个偶然，它具体反映了工商业者在社会结构中地位的日益重要。文官体系的开放，提供了工商业者分享国家权力的管道；"会馆""公所"的出现，则象征新的社会力量获得凝聚，社会权力获得加强。葛平德（Peter Golas）认为十八世纪工商业者的生活重心，主要还是在各人的家庭与店铺里，新兴工商团体所扮演的作用，不应过分地高估。^③这是正确的。不过，无论是在宗教祀神、慈善事业、投资置产，以及联合向官府提请控诉等集体活动里，新兴工商团体也确实越来越能为其成员提供种种服务。尤其是在营业事务上，四

---

① 柯建中，《试论明代商业资本与资本主义萌芽的关系》（收入《萌芽1960》，第92页–130页），第115页。

② 黄六鸿，《福惠全书》卷三十一，"禁造假银"条，第14页上。

③ Peter J.Golas，"Early Ch'ing Guilds"，in G.William Skinner ed，*The City in Late Imperial China*，p.580.

类型经济权力的持续运作，更是工商业者彼此利益竞合下的产物。十八、十九世纪里，新兴工商团体的普遍存在，使得社会权力获得了竞合与搏聚。

工商业者固然可以透过文官系统进入政府组织，但在平时，也可以透过新式社团的权力运作，以阻抗国家权力的可能侵凌。政府官吏若有不法迫害加诸工商业者身上时，经过凝聚个人力量后所形成的新式社团的权力运作，大可以联合集体的力量去控告不法官吏，使成员阻抗力量的声势更大。这种发诸社会权力的阻抗声势，是"当行制度"下工商业者难以产生的制度性力量。国家权力的运作是柄两刃之剑，它一方面可以获致并维持社会秩序，给社会成员更好的生活环境；但在另一方面，它也可能会威胁，甚至破坏社会成员的自由与权益。[1]任何一个社会实体内，依其中行动者身份性质的差异，可以分成"国家""社会"与"个人"三个层次。人民作为"国家"的一分子，这属于一种强迫性的组织；人民可以在"社会"生活里选择某种社团加入，则属于一种自愿性的组织。如何使"个人"在强制性与自愿性的两种异质组织之中，寻得最佳的权力配置关系，让所有人民享受到一个既有秩序而又不失自由的社会结构，这是一个攸关人类福祉的重大课题。[2]在二十世纪之前，中国的国家权力离近代立宪国家的制衡式权力架构还甚远，社会结构里的国家权力远要比社会权力发达；新兴工商团体的普遍存在，毋宁为当时的社会结构注入一股新的力量，强化了社会权力，对于个人的自由与权益，提供了进一步保障的可能性。

---

[1] Roger King, *The State in Modern Society: New Directions in Political Sociology*, p.85.
[2] 张君劢，《社会主义思想运动概观》，第17页–18页。

光绪二十九年（1903年），清廷在中央政府成立"商部"，准备积极发展全国的工商业。光绪三十年（1904年），"商部"建议在全国试办"商会"，希望结合民间社会工商业者的力量，共同发展中国的经济。光绪三十二年（1906年），河南商务议员胡翔林提出了一份考察报告：

> 问商会一事。各处率以地非繁盛为辞。夫有经商立业之处，即可以立会兴商，或因会馆，或因公所，借以兴办，兼可附设学堂，最属简便易行之法，亟宜就地筹集。[①]

可见透过"会馆""公所"所整合成功的社会权力，正能够在发展经济的大目标下，获得政府的青睐。"商会"与"会馆""公所"的接榫，不是凭空掉落下来的历史现象，这是两百年来大批新兴工商团体兴起以后，新凝聚的一股社会力量所造成的结果；当政府组织正视到经济发展的急迫性以后，自然便希望动员此股现成的社会势力。光绪三十一年（1905年），苏州的"商会"正式成立。[②]民国元年（1912年）六月五日，《苏州商务总会呈工商部条陈》上说：商会"大都以各业公所、各客帮为根据"[③]，指出苏州商会的成立，实借助于各公所与客帮团体在财力和人力上的支持，可见

---

① 《商务官报》册一，第15页。
② 朱英，《清末苏州商会述论》（载《档案与历史》1987：4），第74页。
③ 此史料转引自：马敏、朱英，《浅谈晚清苏州商会与行会的区别及其联系》（载《中国经济史研究》1988：3），第86页。

商会实建立在"会馆""公所"这些工商团体的基础之上。[①]罗威廉（William T.Rowe）研究十八、十九世纪汉口的"会馆"与"公所"，他甚至暗示1911年"武昌革命"的发生与驯致共和政体的肇建，与汉口两百年来新兴工商团体在社会结构里长期蓄积的社会力量，二者其实是有连带关系的。[②]清末民初革命之际，苏州"会馆"与"公所"究竟扮演了什么样的角色，这未尝不是个有趣的问题，可以再做探索。[③]所以，不理解十八、十九世纪新兴工商团体引致的社会权力发展过程，就难以适切解释当时的社会结构。

总结本书对苏州十八、十九世纪新兴工商团体的研究，可有两个简短的结论：第一，"会馆""公所"在经济成长上的阻碍作用，确实是被过度夸大的。第二，"会馆""公所"作为一种象征社会权力凝成的组织力量，是当时社会结构里出现的一个新兴现象，其与国家权力之间种种竞争与合作的互动关系，值得继续深入探究。

[①] 马敏、朱英，《浅谈晚清苏州商会与行会的区别及其联系》，第87页。"商会"与"会馆"、"会所"之间究竟是不是截然对立的取代关系？究竟有多少承继关系？这是目今学界有争论的问题。马敏、朱英认为两者彼此在某些方面确实有密切的联系与相互依赖性（前引文，第89页），唐文权则认为彼此是截然对反的组织，"商会作用的大大加强，使工商各业公所名存实亡，呈现出解体的种迹象"（《苏州工商各业公所的兴废》，载《历史研究》1986：3，第72页）。这代表两派不同的意见。这些学者使用的都是第一手资料，利用苏州市档案馆所藏的许多尚未出版的商会卷宗资料；然而，他们对"会馆"与"公所"的理解，也难免停留在大多数学者的刻板印象中，只从限制自由竞争的层面去做理解，这影响到他们比较研究的品质。

[②] William T.Rowe, *Hankow: Commerce and Society in a Chinese City*, 1796—1889, p.346.

[③] 王树槐指出，清末江苏省许多社会运动中，商人时常都扮演着极重要的角色（见氏著，《中国现代化的区域研究——江苏省》，第569页）。苏州新兴工商团体在清末社会运动里扮演何种角色，是个有趣的问题，值得深入研究。

参考文献

一、史料

（一）实调资料与报章类

江苏省博物馆编，《江苏省明清以来碑刻资料选集》，北京：三联书店，1959年

南京大学等编，《明清苏州工商业碑刻集》，南京：江苏人民出版社，1981年

上海博物馆编，《上海碑刻资料选辑》，上海：上海人民出版社，1981年

李华编，《明清以来北京工商会馆碑刻选编》，北京：文物出版社，1980年

陈学文等编，《嘉兴府城镇经济史料类纂》，杭州：浙江省社会科学院，1985年

仁井田陆辑，佐伯有一等编，《北京工商ギルド资料集》㈠-㈥，东京：东洋文化研究所，1975—1983年

彭泽益编，《中国近代手工业史资料：1840—1949》，北京：三联书店，1957年初版，1962年二版

东亚同文会编，《中国经济全书》二辑，东京：东亚同文会，1907年

《申报》，台北：台湾学生书局，1965年重印

《东方杂志》，台北：商务印书馆，1971年重印

（二）方志与地理书类

朱长文，《吴郡图经续记》，台北：成文出版社，1983年

范成大,《吴郡志》,台北:成文出版社,1970年

庐熊,《洪武苏州府志》,台北:成文出版社,1983年

王鏊,《正德姑苏志》,台北:学生书局,1965年

张衮等修,《嘉靖江阴县志》,《天一阁明代方志选刊》,台北:新文丰出版社,1985年

皇甫汸等撰,《万历长洲县志》,台北汉学中心影本

蔡方炳等撰,《康熙长洲县志》,台北汉学中心影本

牛若麟等撰,《崇祯吴县志》,台北汉学中心影本

陶承庆,《商程一览》,台北汉学中心影本

顾炎武编,《天下郡国利病书》,《四部丛刊三编》本,台北:商务印书馆,1966年

顾炎武编,《肇城志》,"中研院"傅斯年图书馆藏本

沈世奕等修,《康熙苏州府志》,台北汉学中心影本

邵泰等撰,《乾隆苏州府志》,台大研图藏本

石韫玉等修,《道光苏州府志》,"中研院"傅斯年图馆藏本

冯桂芬等撰,《光绪苏州府志》,台北:成文出版社,1970年

曹允源等撰,《民国吴县志》,台北:成文出版社,1970年

(三)官书、律例与政书类

官修《明实录》,台北:"中研院"史院所,1961年

官修《清实录》,台北:华文书局,1964年

张廷玉修,《明史》,台北:鼎文书局,1982年

赵尔巽修,《清史稿》,台北:鼎文书局,1981年

马端临,《文献通考》,台北:商务印书馆,1987年

徐松辑,《宋会要辑稿》,台北:世界书局,1964年

申时行修,《大明会典》,台北:东南书报社,1963年

张卤辑,《皇明制书》,台北:成文书局,1969年

刘锦藻撰,《清朝文献通考》,台北:新兴书局,1963年

官修《大清会典事例》，台北：中文书局，1963年

官编《商务官务》，台北：故宫博物院，1982年

清国史馆原编，《清史列传》，《清代传记丛刊》本，台北：明文书局，1985年

承启等纂，《户部则例》，台北：成文出版社，1968年

官编《雍正朱批谕旨》，台北：文海出版社，1965年

长孙无忌等修，刘俊文点校，《唐律疏议》，台北：弘文馆出版社，1986年

孛尤鲁翀等修，《通制条格》，新点校本

官修《大明律集解附例》，台北：学生书局，1970年

不著撰人，《条例备考》，台北汉学中心影本

黄彰健编，《现代律例汇编》，台北："中研院"史语所，1979年

官编《大清律例汇辑便览》，台北：成文出版社，1975年

李焘，《续资治通鉴长编》，台北：世界书局，1964年

黄六鸿，《福惠全书》，台北：九思出版社，1978年

袁守定，《图民录》，"中研院"傅斯年图书馆藏清刻本

张廷骧编，《入幕须知五种》，《近年中国史料丛刊》27辑，台北：文海出版社，1968年

刚毅编，《牧令须知》，《近代中国史料丛刊》65辑，台北：文海出版社，1971年

（四）文集、笔记与杂著类

李昉，《太平广记》，台北：文史哲出版社，1981年

真德秀，《真文忠公全集》，台北：文友书店，1968年

岳珂，《愧郯录》，《文渊阁四库全书》本，台北：商务印书馆，1983年

徐一夔，《始丰稿》，《四库全书珍本10集》本，台北：商务印书馆，1980年

郑若曾，《江南经略》，《四库全书珍本2集》本，台北：商务印书馆，1971年

杨循吉，《苏谈》，《笔记小说大

观》六编五册，台北：新兴书局，1975年

孟元老等著，《东京梦华录外四种》，台北：大立出版社，1980年

沈榜，《宛署杂记》，《北平地方研究丛刊》2辑，台北：古亭书屋，1970年

王稚登，《吴社编》，《笔记小说大观》四编六册，台北：新兴书局，1974年

黄省曾，《吴风录》，《笔记小说大观》六编五册，台北：新兴书局，1975年

张岱，《陶庵梦忆》，台北：汉京出版社，1984年

王夫之，《噩梦》，台北：世界书局，1977年

顾炎武，《日知录》，台北：文史哲出版社，1979年

黄宗羲，《明夷待访录》，台北：中华书局，1980年

李塨，《平书订》，《丛书集成新编》本，台北：新文丰出版社，1985年

陈子龙编，《明经世文编》，北京：中华书局，1987年

贺长龄编，《清经世文编》，台北：世界书局，1964年

汤斌，《汤子遗书》，《四库全书珍本11集》本，台北：商务印书馆，1981年

顾公燮，《消夏闲记摘抄》，《涵芬搂秘笈》本，台北：商务印书馆，1967年

顾公燮，《丹午笔记》，南京：江苏古籍出版社，1985年

叶梦珠，《阅世编》，台北：木铎出版社，1982年

顾禄，《清嘉录》，台北：商务印书馆，1976年

钱泳，《履园丛话》，台北：大立出版社，1982年

郑天挺编，《明清史资料》二册，天津：天津人民出版社，1980-1981年

谢国桢编，《现代社会经济史料选编》三册，福州：福建人民出版社，1980—1981年

俞正燮，《癸巳存稿》，《国学基本丛书》本，台北：商务印书馆，1956年

陈立，《公羊义疏》，台北：商务

印书馆，1982年

黄钧宰，《金壶七墨》，《近代中国史料丛刊》43辑，台北：文海出版社，1969年

陈其元，《庸闲斋笔记》，台北：商务印书馆，1976年

陈作霖，《凤麓小志》，《中华文史丛书》本，台北：华文书局，1969年

冯桂芬，《校邠庐抗议》，《近代中国史料丛刊》62辑，台北：文海出版社，1971年

徐珂，《清稗类钞》，台北：商务印书馆，1966年

二、研究专著

（一）中文作品

中国人民大学编，《中国资本主义萌芽问题讨论集》，北京：三联书店，1957年

南开大学编，《中国资本主义萌芽问题讨论集续编》，北京：三联书店，1960年

南京大学编，《明清资本主义萌芽研究论文集》，上海：上海人民出版社，1981年

南京大学编，《中国资本主义萌芽问题论文集》，南京：江苏人民出版社，1983年

李文治等著，《明清时代的农业资本主义萌芽问题》，北京：中国社会科学出版社，1983年

于宗先主编，《经济学百科全书》，台北：联经出版社，1986年

中国海洋发展史编委会，《中国海洋发展史论文集》，台北：中研院三民所，1984年

王树槐，《中国现代化的区域研究：江苏省，1860—1916》，台北："中研院"近史所，1984年

王德毅，《宋史研究论集》2辑，台北：鼎文书局，1972年

黄盛璋等著，《中国历史自然地理》，台北版：胡文书局，1985年

全汉升，《中国经济史论丛》，香港：新亚书院，1972年

全汉升，《中国行会制度史》，台北：食货出版社，1935年上海初版，1978年重印

方豪，《六十至六十四自选待定稿》，台北：自印本，1974年

包遵彭等编，《中国近代史论丛》二辑二册，台北：正中书局，1977年

"中研院"近史所，《近代中国区域史研讨会论文集》二册，台北："中研院"，1986年

中华书局编辑部，《文史论丛》，香港：中华书局，1974年

加藤繁著，吴杰译，《中国经济史考证》，台北：华世出版社，1981年

余英时，《中国近世宗教伦理与商人精神》，台北：联经出版社，1987年

何炳棣，《中国会馆史论》，台北：学生书局，1966年

任骋编，《七十二行祖师爷》，台北：木铎出版社，1987年

杜奎英等著，《中国历代政治理论》，台北：商务印书馆，1978年

吴承明，《中国资本主义与国内市场》，北京：中国社科出版社，1986年

吴承明等编，《中国资本主义发展史》卷一《中国资本主义的萌芽》，台北：谷风出版社，1987年

尚钺编，《明清社会经济形态的研究》，上海：上海人民出版社，1957年

胡如雷，《中国封建社会形态研究》，北京：三联书店，1979年

徐泓，《清代两淮盐场的研究》，台北：嘉新水泥公司文化基金会，1972年

卓克华，《清代台湾行郊之研究》，台北：文化大学史研所硕士论文，1983年

段昌国等译，《中国思想与制度论集》，台北：联经出版社，1979年

段本洛等著，《苏州手工业史》，南京：江苏古籍出版社，1986年

郭立诚，《行神研究》，台北：中华丛书编审委员会，1967年

许倬云等编，《第二届中国社会经济史研讨会论文集》，台北：汉学中心，1981年

许倬云，《中国古代文化的特

质》，台北：联经出版社，1988年

赵冈等著，《中国经济制度史论》，台北：联经出版社，1986年

贺业钜，《中国古代城市规划史论丛》，北京：中国建筑工业出版社，1986年

闻钧天，《中国保甲制度》，上海：商务印书馆，1935年

傅衣凌，《明代江南市民经济试探》，上海：上海人民出版社，1957年

傅衣凌，《明清时代商人及商业资本》，台北：谷风出版社，1986年

傅筑夫，《中国经济史论丛》，北京：三联书店，1980年

傅崇兰，《中国运河城市发展史》，成都：四川人民出版社，1986年

童书业，《中国手工业商业发展史》，台北：木铎出版社，1986年

鞠清远，《唐宋官私工业》，台北：食货出版社，1934年上海初版，1978年重印

窦季良，《同乡组织之研究》，重庆：正中书局，1943年

逯耀东，《史学危机的呼声》，台

北：联经出版社，1987年

清水盛光著，宋念慈译，《中国族产制度考》，台北：中国文化大学出版部，1986年

陶希圣先生九秩荣庆祝寿编委会，《国史释论：陶希圣先生九秩荣庆祝寿论文集》上册，台北：食货出版社，1987年

Adam Swith著，周宪文译，《国富论》，台北：台湾银行，1964年

H.Pirenne著，胡伊默译，《中古欧洲社会经济史》，台北：商务印书馆，1970年

J.A.Schumpeter著，王作荣译，《经济分析史》，台北：台湾银行，1978年

韦伯著，简惠美译，《中国的宗教：儒教与道教》，台北：远流出版社，1989年

韦伯著，郑太朴译，《社会经济史》，台北：商务印书馆，1985年

张汉裕，《西洋经济发展史》，台北：自印本，1978年

张笠云，《组织社会学》，台北：三民书局，1986年

张君劢，《社会主义思想运动概

观》，台北：稻香出版社，1988年
重印

高承恕，《理性化与资本主义——
韦伯与韦伯之外》，台北：联经出
版社，1988年

（二）日文作品

上海出版协会调查部，《支那的同
业组合と商慣习》，上海：上海出
版协会，1925年

小野和子编，《明清时代の政治と
社会》，京都：京大人文科学研究
所，1983年

山根幸夫，《现代徭役制度の展
开》，东京：东京女子大学学会，
1966年

岩见宏，《明代徭役制度の研
究》，京都：同朋舍，1986年

加藤繁，《中国经济史考证》二
册，东京：东洋文库出版社，
1952—1953年

仁井田升，《中国の社会とギル
ド》，东京：岩波书店，1951年

仁井田升，《中国法制史研究：法
と慣习・法と道德》，东京：东大
东洋文化研究所，1964年

仁井田升，《中国の法と社会と历
史》，东京：岩波书店，1967年

仁井田升辑，《近代中国の政治と
社会》，东京，1951年

今堀诚二，《中国封建社会の机
构》，东京：日本学术振兴会，
1955年

今堀诚二，《中国の本质をみつめ
る》，东京：劲草书房，1985年

佐藤武敏，《长安》，东京：近藤
出版社，1971年

根岸佶，《支那ギルドの研究》，
东京：斯文书院，1932年

根岸佶，《上海のギルド》，东
京：日本评论社，1951年

根岸佶，《中国のギルド》，东
京：日本评论社，1953年

星斌夫，《中国社会福祉政策史
の研究——清代の贩济仓な中心
に》，东京：国书刊行会，1985年

寺田隆信，《山西商人の研究——
关于明代的商人及商业资本》，京
都：京大东洋史研究会，1972年

宫崎市定，《アジア史研究》
五册，京都：同朋舍，1978—
1979年

还历纪念编委会,《白鸟博士还历纪念东洋史论丛》,东京:岩波书店,1925年

斯波义信,《宋代商业史研究》,东京:风间书房,1968年

清水盛光,《支那社会の研究——社会学的考察》,东京:岩波书店,1939年

Karl Wittfogel著,平野义太郎监译,《解体过程にある中国の经济と社会》,东京:平凡社,1977年

(三)英文作品

Burgess, John S., The Guilds of Peking, New York: Columbia University Press, 1928

King, Roger, The State in Modern Society: New Directions in Political Sociology, London: Macmillan Education Ltd., 1986

Morse, Hosea B., The Gilds of China, Shanghai: Kelly & Wash Ltd, 1909;1932

Postan, M.M.ed., The Cambridge Economic History of Europe, Vol. III, Economic Organization and Policies in the Middle Aages, London: Cambridge University Press, 1966

Rowe, William T., Hankow: Commerce and Society in a Chinese City, 1796—1889, Stanford: Stanford University Press, 1984

Sills, David L.ed., International Encyclopedia of the Social Sciences, New York: The Macmillam Company & The Free Press, 1968

Skinner, G.William ed., The City in Late Imperial China, Stantord: Standford University Press, 1977

Willmote, W.E.ed., Economic Organization in Chinese Society, Stanford: Stanford university Press, 1972

三、研究论文

（一）中文作品

梁庚尧，《宋元时代的苏州》，《文史哲学报》31（1982，12）

王家范，《明清苏州城市经济功能研讨——纪念苏州建城两千五百周年》，《华东师大学报》1986：5（1986，10）

李华，《从徐扬"盛世滋生图"看清代前期苏州工商业繁荣》，《文物》1960：1（1960）

陈学文，《明清时期的苏州商业——兼论封建后期商业资本的作用》，《苏州大学学报》1988：2（1988）

吕作燮，《明清时期的会馆并非工商业行会》，《中国史研究》1982：2（1982，6）

吕作燮，《明清时期苏州的会馆和公所》，《中国社会经济史研究》1984：2（1984）

洪焕椿，《论明清苏州地区会馆的性质及其作用》，《中国史研究》1980：2（1980）

刘石吉，《明清时代江南市镇之数量分析》，《思与言》16：2（1978，7）

刘石吉，《明清时代江南地区的专业市镇》，《食货复刊》8：6;7;8（1978，9;10;11）

刘翠溶，《明清时期长江下游地区都市化之发展与人口特征》，《经济论文》14：2（1986，9）

刘永成，《试论清代苏州手工业行会》，《历史研究》1959：11（1959）

彭泽益，《十九世纪后期中国城市手工业行会的重建和作用》，《历史研究》1965：1（1965）

彭泽益，《中国行会史研究的几个问题》，《历史研究》1988：6（1988，12）

蒋兆成，《浅谈中国的封建行会》，《中国古代史论丛》1982：2（1982，12）

清水盛光著，陈慈玉译，《传统中国行会的势力》，《食货复刊》

15：1-2（1985，6）

胡铁文，《试论行帮》，《文史哲》1984：1（1984，1）

沙郑军，《试论明清时期的江南脚夫》，《中国史研究》1988：4（1988，11）

陶希圣，《唐代管理"市"的法令》，《食货》4：8（1936，9）

韩大成，《明代的集市》，《文史哲》1987：6（1987）

赵毅，《铺户、商役与明代城市经济》，《东北师大学报》1985：4（1985，7）

唐文基，《现代的铺户及其买办制度》，《历史研究》1983：5（1983，10）

梁方仲，《一条鞭法》，《中国近代经济史研究集刊》4：1（1936）

吴奇衍，《清代前期牙行制试述》，《清史论丛》6（1985，6）

陈忠平，《明清时期江南市镇的牙人与牙行》，《中国经济史研究》1987：2（1987）

赵世瑜，《现代吏典制度简说》，《北京师大学报》1988：2（1988）

任道斌，《清代嘉兴地区胥吏衙蠹在经济方面的罪恶活动》，《清史论丛》6（1985，6）

王翔，《晚清苏州丝织业"账房"的发展》，《历史研究》1988：6（1988，12）

王翔，《论苏州丝织业"账房"产生的原因》，《中国史研究》1988：4（1988，11）

王尔敏，《商战观念与重商思想》，《"中研院"近史所集刊》5（1976，6）

李陈顺妍，《晚清的重商主义》，《"中研院"近史所集刊》3上（1972，6）

朱英，《清末苏州商会述论》，《档案与历史》1987：4（1987）

朱英，《清末商会"官督商办"的性质与特点》，《历史研究》1987：6（1987）

徐鼎新，《中国商会研究综述》，《历史研究》1986：6（1986）

唐文权，《苏州工商各业公所的兴废》，《历史研究》1986：3（1986）

马敏、朱英，《浅谈晚清苏州商会

与行会的区别及联系》,《中国经济史研究》1988：3（1988）

徐泓,《明末社会风气的变迁：以江浙地区为例》,《东亚文化》24（1986，12）

谷霁光,《唐末至清初间抑商问题之商榷》,《文史杂志》1：11（1942，5）

林丽月,《试论明清之际商业思想的几个问题》,"中研院"近史所,《近代中国初期历史研会论文》（1988，8）

梁其姿,《明末清初民间慈善活动的兴起——以江浙地区为例》,《食货复刊》15：7-8（1986，1）

（二）日文作品

佐藤武敏,《唐代の市制と行》,《东洋史研究》25：39（1966）

吉林森广,《北宋の免行钱について——宋代商人组合"行"の一研究》,《东方学》38（1969，8）

和田清,《会馆公所の起原に就いて》,《史学杂志》33：10（1922）

佐佐木荣一,《商役の成立について——明代两京にける买办体制の进展》,《历史》15（1957）

佐佐木荣一,《现代两京の商人を对象とやる杂泛について》,《文化》17：6（1953）

佐藤学,《明末京师の商役优免问题について》,《集刊东洋学》44（1980）

佐藤学,《明末清初期—地方都市におにる同业组织と公权力——苏州府常熟县"当官"碑刻を素材に》,《史学杂志》96：9（1987，9）

藤井宏,《新安商人の研究》,《东洋学报》36：1;2;3;4（1953-1954）

上田信,《明末清初江南の都市の"无赖"をめぐる社会关系——打行と脚夫》,《史学杂志》90：11（1981，11）

川胜守,《明末清初における打行と访行》,《史渊》119（1982，3）

（三）英文作品

Bradstock，Timothy R.,"Ch'ing

Dynasty Craft Guilds and Their Monopolies" Tsing Hua Journal, 14: 1-2（1983, 12）

Fewsmith, Joseph, "From Guild to Interest Group: The Transformation of Public and Private in Late Ch'ing China," Comparative Studies in Society and History, 25: 4（Oct.1983）

K., "Chinese Guilds and Their Rules" The China Review, 12: 1（August 1883）

Kellett, J.R., "The Breakdown of Gild and Corporation Control over the Handicraft and Retail Trade in London," The Econonic History Review, second series, 10: 3（April 1958）

Kriedte, P., Hans Medick &

Jurgen Schlumbohn, tran.by Leena Tanner, "Proto–industrialization on test with the Guild of Historians: Response to Some Critics," Economy and Society, 15: 2（May1986）

Liu, Kwang–Ching, "Chinese Merchant Guilds: An Historical Inquiry," Pacific Historical Review, 57: 1（Feb.1988）

Macgowan D.J., "Chinese Guilds or Chambers of Commerce and Trade Unions," Journal of North–China Branch of the Royal Asiatic Society, No.21（1886）

Thrupp, Sylvia L.S.L., "Medieval Gilds Reconsidered, " The Journal of Economic History, 2: 2（November 1942）

YE BOOK

让 思 想 流 动 起 来

官方微博：@壹卷YeBook
官方豆瓣：壹卷YeBook
微信公众号：壹卷YeBook
媒体联系：yebook2019@163.com

壹卷工作室
微信公众号